Adalbert Merx

Bardesanes von Edessa

nebst einer Untersuchung über das Verhältnis der clementinischen

Recognitionen zu dem Buche der Gesetze der Länder

Adalbert Merx

Bardesanes von Edessa
*nebst einer Untersuchung über das Verhältnis der clementinischen Recognitionen
zu dem Buche der Gesetze der Länder*

ISBN/EAN: 9783744601016

Hergestellt in Europa, USA, Kanada, Australien, Japan

Cover: Foto ©Lupo / pixelio.de

Weitere Bücher finden Sie auf **www.hansebooks.com**

Bardesanes von Edessa,

nebst einer Untersuchung

über das Verhältniss

der clementinischen Recognitionen

zu dem

Buche der Gesetze der Länder,

von

Dr. A. Merx.

Halle,

C. E. M. Pfeffer.

1863.

Herrn E. L. Th. Henke,

Dr. der Theologie und Philosophie,
ordentlichem Professor in der theologischen Facultät zu Marburg,

in · dankbarer Verehrung

zugeeignet.

Bardesanes von Edessa.

I.

Leben und Kritik der Quellen für seine Lehre.

Das lebhafte Interesse, welches die Jetztzeit bei der Erforschung der alten Kirchengeschichte der Entwicklung der Gnosis zugewendet hat, wird es rechtfertigen, dass wir den Bardesanes zu einer besondern Bearbeitung ausersehen haben, da gerade dieser Mann in seiner eigenthümlichen Bedeutung weniger beachtet ist, als er es zu sein verdient.

Seit der letzten Darstellung seiner Lehre durch Hahn [1]) ist fast ein halbes Jahrhundert vergangen, die Quellen für den Gegenstand sind beträchtlich vermehrt, dennoch aber ist, wenigstens unseres Wissens, keine neue Arbeit über sein System, wie wir sie im Folgenden zu geben versuchen, veröffentlicht worden. Die Bedeutung des Bardesanes liegt nun wesentlich darin, dass er, wiewohl noch innerhalb der häretischen Gnosis stehend, dennoch die charakteristischen Lehren derselben, den Dualismus und die Emanationstheorie [2]) überwunden hat. Er ist der letzte in der Reihe der gnostischen Lehrer in der alten Kirche, er hat die reichen und

---

1) Bardesanes Gnosticus, Syrorum primus hymnologus. Lpz. 1819. Kühner Bardesanis Numina astralia ist mir nicht bekannt, da es aber vor Auffindung des Dialogs geschrieben ist, so fürchte ich nicht, dass dies meiner Arbeit schadet.

2) Vgl. die neueste Untersuchung über den Gnosticismus von Hilgenfeld in d. Zeitschr. 1862, IV, S. 400 f.

1

vielgestaltigen Systeme des Saturnin, der Ophiten, des Basilides, des Marcion, des Valentinus vor sich, die alle das Endliche mit dem Unendlichen in eigner Weise zu vermitteln strebten, aber er hat auch begriffen, dass der Dualismus, durch den jene die Räthsel der Schöpfung, der Geschichte und der Erlösung der Welt zu ergründen suchten, das Geforderte nicht leistet, dass zwischen dem Geist und der Materie, zwischen Licht und Dunkel, zwischen Gott und Belial keine Gemeinschaft sein kann, dass durch Verbindung von Gegensätzen, die nicht von vorne herein das Moment der Einheit in sich tragen, nimmer ein Kosmos entsteht. So giebt er den Dualismus auf und gelangt auf dem Wege der Speculation dazu den Monismus, den die Kirche durch die Offenbarung erhalten hatte, als nothwendig zu begreifen, er stellt einen einigen Gott über Alles und betont den allmächtigen, nur durch die immanente Heiligkeit und keine andre Schranke gebundnen Willen des Schöpfers, dem die Creaturen, in manchen Puncten frei, doch im Ganzen unterworfen sind. Neben dieser Hervorhebung des göttlichen Willens hat dann der Emanatismus keine Stätte mehr, nichts tritt selbständig und unwillkürlich, Alles durch Gottes Willen hervorgerufen in das Dasein; der jedem Wesen sein Gesetz vorschreibt und am Ende Rechenschaft von ihm für seine Thaten fordert, das ist der allmächtige einige Gott.

Die Lehre des Bardesanes bildet so gegen die frühere Gnosis einen wesentlichen Fortschritt, und sie zeigt gleichsam den Weg auf dem der Gedankenkreis der häretischen Gnosis sich der Kirche, die im Kampfe mit ihrer Halbschwester doch speculativ befruchtet war, wieder annähert; Bardesanes steht seinen etwas jüngern Zeitgenossen, dem alexandrinischen Clemens und Origenes, um ein beträchtliches näher, als Marcion dem Märtyrer Justin, als Basilides den etwa seiner Zeit angehörigen Schriften apostolischer Väter. Nichts desto weniger aber bleibt er in der Häresie befangen, da er es in der Christologie noch nicht vermag, sich auf den historischen Boden der Kirchenlehre mit ihrem wahrhaft menschlichen Christus zu stellen, und da in seiner Theologie ein Nachhall valentinischer Anschauung in seinen zwei Syzygien und im Pleroma, wiewohl im Schwinden begriffen, doch noch nicht ganz verklungen ist.

Vom äussern Leben des Bardesanes wissen wir wenig, doch wollen wir die spärlichen Notizen, deren kritische Rechtfertigung unten folgen wird, hier so gut als möglich zu einem freilich nur den äussern Umriss gebenden Bilde vereinigen. Bardesanes [1]) wurde im Juli 154 zu Edessa geboren. Er gehörte ohne Zweifel einem vornehmen Geschlechte an und war in seiner Jugend Spielgenosse eines Königssohns, der nachmals den Thron seiner Vaterstadt bestieg. Dass auf die wissenschaftliche Ausbildung des Knaben grosse Sorgfalt verwendet wurde, lässt sich nach der hohen gesellschaftlichen Stellung seiner Familie erwarten, es wird aber auch durch eine für seine Zeit ausgebreitete Gelehrsamkeit, wie sie in seinen Reden im Dialog über das Schicksal vorliegt, ausdrücklich bestätigt. Wir werden daher nicht fehlgehen, wenn wir annehmen, er sei in der griechischen Philosophie und in der Kunst der Musen eingehend und mit Erfolg unterrichtet worden. Seine Eltern waren schwerlich Christen, da sie mit dem in seiner Jugend noch nicht bekehrten Königshause in enger Verbindung standen, es wird ihm ähnlich ergangen sein wie vielen strebenden Geistern seiner Zeit, welche von den Lehren menschlicher Weisheit unbefriedigt ihre Sehnsucht nach Gewissheit durch den Glauben an die Lehre, das Himmelreich sei auf Erden erschienen, zu stillen suchten. So erging es Justin dem Märtyrer, so Pantänus und Clemens von Alexandrien und derselbe Entwicklungsgang zeigt sich an dem römischen Clemens der Homilien und Recognitionen, an Tertullian, Cyprian und Au-

---

1) Der syrische Name Bardaizau, d. i. Sohn des Daizan, bürgt für seine syrische Abstammung. Der Fluss Daizân, der Hüpfer, fliesst bei Edessa. Die Annahme, er sei ein Armenier oder Mesopotamier, entbehrt der Begründung.

gustin. Wenn Bardesanes so zum Christenthume gelangte, hat auch die Nachricht, er sei erst orthodox, dann Valentinianer, zuletzt Haupt einer eignen Secte geworden, nichts Unwahrscheinliches, insofern wenigstens, als er bei seinem Suchen nach Wahrheit seine Ueberzeugungen mehrfach geändert hat; so streng werden wir es mit diesem angeblichen Wechsel nicht nehmen dürfen, da die Nachricht der nicht ganz lautern Quelle des Epiphanius entstammt.

In seinem Mannesalter lebte Bardesanes, fern von einer ungesunden asketischen Richtung, am Hofe zu Edessa in vertrauter Freundschaft mit dem Fürsten Abgar VI. bar Mânu und suchte ohne Zweifel für seine Ideen, namentlich für Ausbreitung des Christenthums und Vertilgung des Götzendienstes zu wirken. Nach dem Dialoge über das Fatum ist wenigstens vermuthet, er habe Abgar vermocht, dem mit Selbstentmannung verbundnen Cultus der Tarátha zu steuern. Aber nicht immer blieb Bardesanes in seiner Vaterstadt, sein Eifer für die Bekehrung der Heiden veranlasste ihn das höfische Wohlleben mit dem mühevollen Dasein eines Glaubensboten zu vertauschen, er wandte sich in die rauhen Gebirge Armeniens um dessen noch heidnische Bewohner zu Christen zu machen, so berichtet Moses von Chorene II, 63. Von den Heiden nicht aufgenommen begab er sich in ein festes Schloss, Anium, wo er aber allem Anschein nach nicht bis zu seinem Lebensende geblieben ist. Er fand dort Tempelarchive historischen Inhalts, die er als Quellen für ein Geschichtswerk in syrischer Sprache benutzte, er setzte seine eigne Zeitgeschichte und auch wohl das, was er in seiner Jugend von ältern Leuten gehört hatte, zu den Nachrichten der Archive hinzu, und eine griechische Uebersetzung dieses Buchs diente dem Moses von Chorene als Quelle für die Geschichte von Artavasdes bis Kosru [1]). Wenn nun Barde-

---

1) Unter Artavasdes ist wahrscheinlich Artavasdes II. zur Zeit Hadrians zu verstehn und darum im Texte angenommen, Bardesanes habe auch dasjenige in sein Werk verarbeitet, welches er in seiner Jugend

sanes Zeit bis Kosru (Ardaschir I. c. 224 vgl. Flügel Mani
p. 153) reichte, wie wir dies nach Moses von Chorene annehmen müssen, so ist es auch sicher, dass er 224—30
gestorben ist, da er im Jahre 154 geboren, schwerlich lange
über 224 hinaus gelebt hat.

Leider ist dieses bardesaneische Geschichtswerk, wie
seine übrigen Schriften sämmtlich verloren gegangen, soll
er doch nach allen Quellen Vielerlei geschrieben haben; bestimmt wird versichert, er habe Schriften gegen den Polytheismus der Heiden und gegen den Dualismus des Marcion
gerichtet. Das einzige gerettete Stück gehört seinen indischen Denkwürdigkeiten an, ein Buch, das er aus den
Berichten, die eine indische Edessa berührende Gesandtschaft
an den römischen Kaiser ihm über Indien gegeben hat,
zusammengestellt haben soll. Das Fragment über die Brahmanen und Schamanen findet sich bei Porph. de abst. 4, 17
und aus Porphyrius bei Stobaeus Ecl. phys. ed. Heeren I, 4, 56.
Doch ist auch dies Fragment nicht unzweifelhaft echt. Jene
indische Gesandtschaft soll an Heliogabal (216—220) geschickt sein, so versteht Heeren den Ἀντωνῖνος ὁ ἐξ Ἐμισῶν. Bei Heliogabal's Regierungsantritt war aber Bardesanes
schon zwei und sechzig Jahre, also wenn Moses von Chorene, der doch Bardesanes Werk benutzt haben will und
deutlich den Haeretiker bezeichnet, der zwar im Glauben
nicht taktfest, doch in der Geschichte ein guter Gewährs-
mann sein soll, — wir sagen, wenn Moses von Chorene
Recht hat, so muss Bardesanes gerade zu jener Zeit Arme-
nien schon wieder verlassen haben. Es ist ja undenkbar,
dass er, der bis 224 gelebt haben muss, noch nach dem
Jahre 216 auf eine Missionsreise verfallen konnte. Heeren
glaubte irrthümlich, unter dem Bardesanes des Fragments sei
ein andrer zu verstehen, sein aus der Chronologie entnom-
mener Grund ist falsch, und durch unsre Bestimmung, nach

---

also 164—170 über die letzten Ereignisse vor seiner Zeit von ältern
Leuten gehört hat.

welcher Bardesanes sehr wohl bis 224 gelebt haben kann,
entkräftet [1]). Aber auch die durch Moses Choren. entstehende
Schwierigkeit ist nur scheinbar, denn wenn Bardesanes Geschichtswerk bis 224 reichte und auf die Tempelarchive begründet war, so gebrauchte er doch für seine Zeitgeschichte
kein Archiv, er kann also das von Anium mitgebrachte
Material ebenso gut in Edessa verarbeitet haben, wohin er
nach dem misslungenen Missionsversuch zurückgekehrt, die
indische Gesandtschaft traf. Es scheint demnach, dass sowohl
die Hypomnemata indica als auch das Geschichtswerk von Bardesanes sind. Andre gleichzeitige Quellen kennen freilich die
indische Gesandtschaft nicht, und wie die Inder gerade dazu
gekommen sein sollen, sich an Heliogabal zu wenden, ist bei
dem Charakter dieses Kaisers unbegreiflich. Wenn die Gesandtschaft an Marc Aurel oder Lucius Verus gieng, so hätte sie
Bardesanes statt in hohem Alter in seiner Jugend getroffen,
aber immer schon alt genug, um die Kunde über Indien
einzuziehen; Ἀντωνῖνος ὁ ἐξ Ἐμισῶν kann aber keinen der
ältern Antonine bezeichnen. Ueber die ganze Angelegenheit
vgl. die unten angeführte Abhandlung von Priaulx in Journ.
of the royal. as. soc. 1862.

Ausser den genannten apologetischen Schriften und den
indischen Denkwürdigkeiten geht auf Eusebs und Epiphanius
Auctorität ein Dialog über das Fatum (περὶ εἱμαρμένης) unter Bardesanes Namen, doch ist dieser, wie wir bald finden
werden, nicht sein Werk, sondern das eines Schülers, der
seines Meisters Lehren pietätvoll und darum auch wohl ge-
treu aufgezeichnet hat. Die unbedingte Hochachtung und lie-
bende Verehrung, die sich in dem Tone der ganzen Schrift
ausspricht, dürfte für die Correctheit in der Darstellung der
bardesanischen Lehre die sicherste Bürgschaft abgeben.

---

1) Heeren zu Stob. 1, 4, 56 meint nach Euseb. H. E. 4, 30, Bardesanes habe unter Antoninus Pius gelebt und sei unter Marc Aurel etwa
gestorben. Daher sein Einwand der Gnostiker könne nicht zu Heliogabal's Zeit gelebt haben. Wir werden weiter unten finden, dass Euseb
sammt Epiphanius in der Chronologie gründlich irren.

7

Dieser Dialog, das syrische Buch von den Gesetzen der Länder, zeigt Bardesanes als einen klar denkenden und gelehrten Mann, andre Nachrichten rühmen seine Humanität [1]), mit beiden Eigenschaften vereinigte sich endlich auch eine reiche dichterische Begabung. Sollten die wenigen Zeilen, die wir später aus Ephraem anführen werden, nicht seinen Schülern, sondern ihm selbst angehören, so dürfen wir uns selbst nach diesen geringen Fragmenten von der Gluth seiner Dichtung, die auch nach Ephraem überall hin zündend wirkte, keine geringe Vorstellung machen. Nach seinem Namen benannten die Syrer ein Versmass (Hahn p. 34), ein andres wurde nach Bardesanes Sohne Harmonius bezeichnet [2]), was sehr für die Trefflichkeit beider Dichter spricht, da man geistliche Gesänge schwerlich gern in Massen, die Haeretiker erfunden hatten, und die nach Ketzern benannt waren, dichtete. Die bardesaneische Strophe besteht aus zwölf fünfsilbigen Zeilen, doch ist hier nicht der Ort, das von Hahn über syrische Metrik Erörterte noch einmal zu wiederholen. Der Anerkennung seines Dichtertalents kann sich selbst Ephraem, der ewig missgünstige, nicht entziehen, wenn er sagt: „Er dichtete Lieder und erfand die Weise dazu

---

1) Cureton Spic. syr. Preface p. V. aus Philoxenus Brief an einen Unbekannten. Msc. des britt. Mus. Nro. 16, 164: ܠܐ ܗܟܝܠ ܐܬܚܫܒܬ

ܗܘܐ ܠܟ ܡܥܠܡܕܢܟ ܒܪܕܝܨܢ ܕܡܫܬܒܚ ܡܢ ܬܠܡܝܕܘܗܝ ܥܠ ܡܣܝܒܪܢܘܬܗ ܘܦܬܓܡܐ ܛܒܐ ܠܟܠܢܫ ܒܟܬܒܝܗܘܢ

d. i. Du denkst nicht an deinen Lehrer Bardesanes, den seine Schüler wegen seiner Geduld und guten Antworten für Jeden in ihren Büchern rühmen.

2) Sozomenus H. E. καθάπερ καὶ νῦν οἱ Σύροι ψάλλουσι οὐ τοῖς Ἁρμονίου συγγράμμασι ἀλλὰ τοῖς μέλεσι χρώμενοι. Harmonius war nach Soz. griechisch gebildet und der Lehre seines Vaters zugethan, doch nahm er griechische Philosopheme über die Natur der Seele, über Entstehung und Vergehen des Leibes und über die Wiedergeburt an, die übrigens zur bardesaneischen Gnosis trefflich passen. Aehnliches erzählt auch Theodoret H. E. 4, 26.

(ܩܡܠ ܡܠܟ d. i. mischte sie mit Gesang), er ersann Psalmen und führte die Metra ein, nach Mass und Gewicht vertheilte er die Worte. Gift schenkte er den Einfältigen zur Lust, die Kranken die die gesunde Speise nicht wählen ¹). Auf David wollte er schauen, um mit dessen Herrlichkeit geschmückt zu werden, um gleich ihm gepriesen zu sein. Hundert und fünfzig Psalmen dichtete auch er, seine Wahrheit aber verliess er, o Brüder, und nur seine Zahl ahmte er nach." Hymn. 53 p. 533 F. Ephraem selbst wurde erst durch die haeretischen Lieder der Bardesanisten veranlasst, ihnen orthodoxe entgegenzustellen, das bezeugen Theodoret und Sozomenus l. l.; dem Bardesanes bleibt also das Verdienst die Kirche des Orients den Gesang gelehrt zu haben.

So viel über Bardesanes Leben und Schriften.

Ehe wir uns nun anschicken eine Darstellung von seinem System zu geben, müssen wir hier zunächst über die Quellen, denen wir den Stoff entnehmen, eine scharfe Kritik ergehen lassen. Die orthodoxen Bestreiter des Gnosticismus hatten durchaus kein Interesse die Lehren ihrer Gegner mit urkundlicher Genauigkeit darzustellen, die Widerlegung der Hauptlehren genügte für ihren Zweck vollkommen, und so können wir bei der polemischen Form ihrer Schriften keine vollständige Wiedergabe der Haeresien erwarten. Weiter aber, und dies ist noch schlimmer, ist ihr Ton so heftig, ihre Leidenschaft so erregt, dass man nicht umhin kann ihrem Urtheile zu misstrauen, namentlich da, wo sie ihren Gegnern sittliche Vorwürfe machen. Je allgemeiner nun eine gewisse Gehässigkeit gegen die Gnostiker bei ihren Bestreitern herrscht, um so auffallender ist es, wenn einer aus ihrer Zahl, Bardesanes nämlich, mit einer gewissen Achtung

---

1) Oder: Kranke sind es, die die g. Sp.; der Text ist bedenklich, da ܠܚܠܝܘܬܐ in dulcedinem kaum heissen kann: zum Vergnügen, und da das folgende ܢܚܦܐ ohne Bezug ist. Man könnte lesen ܘܐܚܠܡ

ܠܟܪܝܗܐ ܡܢ ܡܐܟܘܠܬܐ ܚܠܝܡܬܐ

behandelt wird und bei dem Strafgericht z. B., welches
Ephraem ergehen lässt, noch immerhin glimpflich davon
kommt. Es lässt sich dies nur aus der selbst den Feinden
Ehrerbietung abgewinnenden Würde und Gelehrsamkeit erklären, welche diesen Mann vor seinen Zeitgenossen ausgezeichnet haben muss.

Die bisherige Darstellung von Bardesanes Lehre stützte
sich auf die griechisch schreibenden Kirchenhistoriker und
Haeresiologen, sodann aber auch auf Ephraem den Syrer,
der in seinen 56 Gedichten gegen die Haeretiker manche
wichtige Notiz über Bardesanes einfliessen lässt. Aus ihnen
ist wesentlich Hahn's Auffassung hervorgegangen, der mit
viel Scharfsinn die „zerstreuten Glieder" in ein System geei-
nigt hat. Seit indessen William Cureton in seinem Spicilegium Syriacum (London 1855) den von Eusebius, Hieronymus und Epiphanius angeführten, dem Bardesanes beigelegten
Dialog gegen das Schicksal vollständig syrisch aus einer
Handschrift des sechsten oder siebenten Jahrhunderts veröffentlicht hat, wird es nothwendig in manchen Puncten die
bisherige Auffassung von Bardesanes Lehre abzuändern und
zu verbessern.

Den Ausgangspunct unsrer Darstellung wird sonach dieser Dialog bilden, welchen wir daher zunächst einer kritischen Betrachtung unterwerfen müssen. Euseb. H. E. 4, 30
legt dem Bardesanes einen an den Kaiser Antoninus gerich-
teten Dialog über das Schicksal bei, und in der Praep. evgl.
führt er aus diesem lib. 6, 9 zwei lange Stellen an; Epiphanius häres. 56 erwähnt dieselbe Schrift und bemerkt, sie sei
gegen einen Astronomen Abeidas gerichtet. Jene beiden
Stellen finden sich in unserer syrischen Schrift, und der
Gegner, welchen Bardesanes bekämpft, wird darin Awida
genannt, es kann also über die Identität der von den Alten
angeführten und der uns jetzt vorliegenden Schrift kein Zweifel sein. Das Buch, welches wir syrisch unter dem Titel
Buch der Gesetze der Länder haben, ist dasjenige, welches
von den Alten Dialog wider das Schicksal genannt ist.

So sicher nun dies Factum ist, ebenso auffallend und wichtig ist das Ergebniss, welches sich selbst der oberflächlichsten Betrachtung dieser Schrift aufdrängen muss: Der von den Kirchenvätern einstimmig dem Bardesanes zugeschriebene Dialog ist unecht und nicht von Bardesanes [1]). Beweis für diese Behauptung ist das ganze Schriftstück, Bardesanes erscheint darin als dritte Person, der Verfasser selbst führt sich fragend ein mit den Worten: Da sprach **ich** zu ihm, und er wird von Bardesanes zweimal mit dem Namen Philippus angeredet. So wenig nun Socrates die platonischen Dialoge, wiewohl er die Hauptrolle spielt, selbst geschrieben hat, ebenso wenig ist Bardesanes der Urheber dieser Schrift, obgleich er darin als Lehrer und Meister im Kreise seiner Schüler erscheint. Ein Schriftsteller mag von sich in der dritten Person reden, das thut ja z. B. Caesar, dann führt er aber alle andern Personen ebenfalls mit ihrem Namen ein; wollte aber Jemand auf das Zeugniss der Kirchenväter hin diesen Dialog für Bardesaneisch halten, dann müsste er, um seinem weiteren Beweise für die Echtheit nur allererst einen Boden zu schaffen, eine Schrift aufweisen, deren Verfasser sich mit seinem Namen und eine zweite Person mit ich bezeichnet. So wäre uns denn durch den glücklichen Fund der Nitrischen Handschriften, den die Wortbrüchigkeit der Mönche beinahe zum Theil vereitelt hätte, die Gelegenheit gegeben, eine literarische Notiz der Kirchenväter urkundlich zu controllieren, und uns zu überzeugen, dass man ihrer Genauigkeit und ihrem kritischen Blicke in solchen Dingen nicht trauen darf, und diese Wahrnehmung ist um so wichtiger, als gerade diese Schrift ihnen nicht nur durch Hörensagen bekannt war, sondern ihnen vorgelegen hat und von ihnen ausgeschrieben ist.

---

1) Die Abfassung durch Bardesanes hat H i l g e n f e l d, über den Ursprung der clementin. Recogn. u. Homilien in den theol. Jahrb. 1854, p. 531, schon nach dem Bruchstück bei Eusebius praep. ev. VI, 10 bezweifelt.

Sonach haben wir in dem Buche der Gesetze der Länder zwar kein echtes Werk des Bardesanes, wohl aber eine Darstellung seiner wichtigsten Lehren von der Hand eines seiner Schüler und auch dies ist höchst schätzenswerth, da wir ihn hier im Kreise seiner Gläubigen frei redend finden, und wenn er eine exoterische Lehre gehabt haben sollte, diese nach seiner eignen Schuldarstellung kennen lernen. Die Originalsprache der Schrift muss die syrische sein, was aus den Kunstausdrücken des Systems hervorgeht. Die syrische Sprache eignet sich fremde Wörter mit der grössten Leichtigkeit an, namentlich entlehnt sie die griechischen Kunstausdrücke in philosophischen und theologischen Wissenschaften, unsre Schrift hat dagegen für fast alle philosophischen und speciell gnostischen Begriffe echt syrische Wörter, was nicht dafür spricht, dass sie aus dem griechischen übersetzt sei. Ueberdies ist die Darstellung so leicht, Styl und Gedanken so beweglich und eine gewisse Rhetorik so unverkennbar, dass die Schrift ein Muster reiner und schöner syrischer Prosa ist. So scheint die Schule des Bardesanes viel auf edle und correcte Sprache gegeben zu haben und hierzu stimmt was Hieronymus im Catal. vir. ill. bemerkt, er sei von den Syrern als Mann von feurigem Geiste und grosser Gewandtheit in der Disputation gerühmt worden, oder wie Ephraem meint: (Serm. adv. Haeres. 2 Opp. Syr. Tom. II. p. 439 D.) In den Höhlen des Bardesanes ertönen Lieder und Gesänge, was der Jugend lieblich und erwünscht zur Süssigkeit; durch die Harmonie der Klänge entzündet er die unerfahrnen Kinder.

Dass Schriften des Bardesanes oder der Bardesanisten in das Griechische übersetzt worden sind, erzählt Theodoret (Haeret. fab. Comp. I, 22) und die uns bei Euseb. Praep. evgl. 6, 9, sowie im neunten Buche der clementinischen Recognitionen vorliegenden Fragmente bestätigen dies, geben uns aber zugleich die Mittel in die Hand, den Zustand des uns vorliegenden syrischen Textes kritisch zu beleuchten. Beide Texte weichen nicht unbedeutend von einander ab, der grie-

chische hat gegen den syrischen gehalten Zusätze und Ver-
kürzungen, doch scheint der syrische in mancher Hinsicht den
Vorzug zu verdienen. So ist z. B. die Wortstellung bei Eusebius γεννᾶται, τρέφεται, ἀκμάζει, γεννᾷ, ἐσθίει, πίνει, κοι-
μᾶται, γηρᾷ, ἀποθνήσκει nicht so gut als die des syr. Textes,
der γηρᾷ hinter γεννᾷ setzt, so dass in ihm das Gleichartige, •
geboren und erzogen werden, Kraft gewinnen, erzeugen und
altern, essen und trinken, schlafen und sterben wohl zusam-
mensteht, während das eingeschobne γηρᾷ am Ende: schläft,
altert und stirbt die sonst zusammengehörigen, die Lebens-
entwicklung bezeichnenden Wörter γεννᾶται κτλ. unvollständig lässt. Der kurze Satz bei Euseb. καὶ τοῦτο ἀνθρώπου
καὶ παντὸς ἀλόγου ζώου steht für den langen syrischen:
„Dies findet, weil es zur Naturbestimmtheit gehört, bei allen
Menschen Statt, und nicht bei den Menschen allein, sondern
auch bei den beseelten Thieren und einiges davon sogar bei
den Bäumen, denn dies ist das Werk der Natur, die jedes
Ding, sowie es bestimmt ist, verrichtet, hervorbringt und
festsetzt." Der Zweck der ganzen Auseinandersetzung ist
die Grenzen der Naturbestimmtheit festzustellen, daher betont
der syr. Text dies zweimal, wogegen Euseb's Satz offenbar
verkürzt ist. Vom Scorpion sagt Eusebius, er fresse Erde,
der syr. Text hat dies nicht und zwar mit Recht, da auch
Eusébius im Nachsatze die Anwendung fortlässt, da doch
unter ἡ αὐτὴ κακία nicht das Erdessen, sondern nur der
Trieb zu stechen gemeint sein kann. Dass der griech. Text
erweitert ist, zeigt auch die Stelle der Recognitionen, wo
nach Erwähnung der serischen Gesetze gesagt wird: Sed
est apud Seres legum metus vehementior quam Genesis con-
stellatio. Diese Worte finden sich weder bei Eusebius noch
syrisch und zeigen den Charakter einer sehr deutlichen Nutz-
anwendung. Doch mag es mit diesen Beispielen genug sein,
es handelt sich hier nicht um Textkritik und für die Correctheit
des Inhalts bürgen die im Sinne stets zutreffenden Fragmente.
    Wenn wir nun den Versuch machen, die ungefähre Ab-
fassungzeit unseres Dialogs zu bestimmen, so stossen wir

auf eine nicht geringe Schwierigkeit, falls wir unsre alten
Gewährsmänner zählen und nicht wägen wollten. Das Chronicon Edessenum (bei Assem. bibl. Or. I. p. 389) giebt an, Bardesanes sei am 11. Tammuz 465 aer. gr., d. i. am 11. Juli
153 p. Chr. geboren [1]). Epiphanius dagegen erzählt, er
habe mit Abgar bar Mánu, denn ein andrer kann nicht gemeint sein, in äusserst freundschaftlichem Verhältniss gestanden, sei auch mit diesem Fürsten zusammen erzogen
worden [2]). Dieser Abgar, der sechste seines Namens in der
Reihe der Edessener Fürsten, regierte 152 — 187, er müsste
also, wenn Epiphanius Angabe begründet ist, entweder als
Kind zur Regierung gekommen sein, oder das Chronicon
Edessenum müsste irren. Letztere Annahme aber dürfte bedenklich sein, wie käme der edessenische Chronist zu be-
stimmter Angabe des Monatstages, wenn er nicht genaue
und eingehende Quellen gehabt hätte? Eusebius berichtet
ferner, er habe seinen trefflichen Dialog über das Schicksal
an den Kaiser Antoninus gerichtet, womit sich des Epiphanius Bemerkung wohl zusammenreimt, er habe mit Antoninus Vertrautem, dem (Stoiker?) Apollonius disputiert, der
ihn vom Christenthum abwendig machen wollte, doch sei er
treu geblieben und hätte fast den Märtyrertod erlitten. Hiermit hängt auch Epiphanius weitere Notiz zusammen, er sei
ursprünglich orthodox gewesen, dann Valentinianer, zuletzt
eignes Sectenhaupt geworden, die wir oben auf ihr rechtes
Maass zurückgeführt zu haben glauben.

Der hier erwähnte Antoninus kann nur L. Antoninus
Verus sein, wie denn auch Epiphanius erzählt, Bardesanes
habe bis in dessen Regierung hinein gelebt, seinen Freund
Abgar aber überlebt. Nach dem Chronicon Edessenum regiert,
wie eben bemerkt, Abgar bar Mánu bis 187, er überlebte

---

1) Ob der 11. Tammuz gerade dem 11. Juli entspricht, vermag ich
nicht auszurechnen, im Allgemeinen decken sich beide Monate.

2) *Αὐγάρῳ ... ἐξοικειούμενος τὰ πρῶτα καὶ συμπράττων τε ἅμα
τῆς αὐτοῦ μετασχὼν παιδείας ...*

also den Kaiser Antoninus, welche von beiden Nachrichten
ist nun die richtige? Der Partherkrieg des Lucius Antoninus Verus 165 führte
den Kaiser auch nach Edessa, in diese Zeit müsste also die
Ueberreichung des Dialogs an den Kaiser laut Eusebius und
die Disputation mit Apollonius fallen, in diese Zeit, zu der
Bardesanes nach dem Chron. edess. erst eilf Jahre zählte!
Diese bare Unmöglichkeit veranlasst Hahn, das Zeugniss
des Chronicon edess. zu verwerfen und die Nachrichten der
Kirchenväter für richtig zu erklären. Allein diese Nachrichten unterliegen auch abgesehen von der Notiz der edesse-
nischen Chronik bedeutenden Bedenken; der Dialog über
das Schicksal, unser syrisches Buch von den Gesetzen der
Länder ist ja nicht von Bardesanes, ist auch gar nicht an
irgend einen römischen Kaiser gerichtet, worauf stützt sich
denn nun das Zeugniss des Eusebius, da der aufgefundene
Dialog ihn desavouirt? Ferner wie steht es mit der Disputation mit Apollonius dem kaiserlichen Freunde? Antoninus
Pius liess einen Stoiker Apollonius aus dem Orient kommen,
damit er seinen Adoptivsohn Marc Aurel unterrichte [1]. Hier
nun sagt Tillemont: Baronius croit, que ce peut être le
même Apollone, ami de Marc Aurèle, qui tâcha de porter
le célèbre Bardesane à renoncer au christianisme, comme nous
l'apprenons de S. Epiphane, Casaubon ne s'en éloigne point
et le P. Petau le dit positivement. Tillemont dagegen bezweifelt dies und mit Recht, der Lehrer des Marc Aurel
war ohne Zweifel auch Freund des Marc Aurel und nicht
Freund seines Mitregenten Lucius Verus. Der letztere aber
war im Orient thätig, jener im Occident und so sind dem
Epiphanius bei dieser Nachricht die drei Antonine, Antoninus Pius, Marc Aurel und Lucius Verus verzeihlicher Weise,
denn er lebte zweihundert Jahre später, etwas durcheinan-
dergegangen. Wie leicht dies geschehen konnte, zeigt auch

[1] Tillemont Histoire des empereurs. Bruxelles 1732. Tome II.
p. 139.

Hieronymus, der dem Eusebius folgend im Catalógus schreibt, Bardesanes habe dem Marc Aurel sein Buch übergeben; er macht ohne weiteres den Antonin des Euseb, welcher den Lucius Verus bezeichnen müsste, wenn die Notiz richtig wäre, zu dem berühmtern Marc Aurel, auf den sich die Nachricht nicht beziehen kann.

Ruht nun der Bericht von der Gleichzeitigkeit der Ueberreichung unseres Dialogs und des Partherkrieges 165, ja die Ueberreichung des Dialogs selbst auf so schwachem Grunde, so lässt sich nicht absehn, warum man das bestimmte Zeugniss der edessener Chronik verwerfen soll. In speciell edessenischer Geschichte ist doch offenbar der Localchronik mehr Glauben beizumessen als fern lebenden, sogar der syrischen Sprache unkundigen Kirchenvätern, und sicherlich ist der Bericht jener Chronik, dass der König Abgar VI. bar Mánu bis 187 lebte, glaubwürdiger als Epiphanius mit der Erzählung, L. Antoninus Verus († 169) habe jenen König überlebt. Wenn man so Eusebs und Epiphanius Angaben über die Disputation und Ueberreichung des Dialogs an den Kaiser als unhistorisch fallen lassen muss, so bleibt die Angabe des Chronicons als sichre Grundlage übrig und seine Zeitbestimmung lässt sich, wie wir sehen werden, mit allen übrigen Angaben auch des Epiphanius in guten Einklang setzen.

Wenn Abgar VI. bar Mánu 187 starb, so war der 154 geborne Bardesanes hei seinem Tode drei und dreissig Jahre alt, die Chronologie macht demnach für Epiphanius Erzählung, er sei mit dem Könige sehr vertraut gewesen, gar keine Schwierigkeit. Bardesanes lebte in seinem Mannesalter hochangesehen und unter günstigen Verhältnissen am Hofe, so Epiphanius, und ihn bestätigt unser Dialog einigermassen durch die Nachricht über das von Abgar erlassne Entmannungsverbot, so wie auch Ephraem, welcher sagt: Der Teufel schmückte den Bardesanes mit Kaftanen und Beryllen, er waffnet' ihn mit trügerischer Lehre. (Opp. syr. II. hymn. adv. haer. 1 p. 438 F.) Dass Bardesanes mit Abgar zusammen erzogen wurde, ist zwar nicht unmöglich, der

König kann ja als junges Kind den Thron bestiegen haben,
wen dies aber unwahrscheinlich dünkt, der braucht an dieser Nachricht des Epiphanius dennoch nicht Anstoss zu nehmen. Abgar VI. bar Mánu hatte zum Nachfolger Abgar VII.
187 — 188, ihm folgte Mánu bar Abgar 188 — 200, diesem
Abgar VIII. 200 — 217; wir hätten also immerhin von 187
bis 200 noch zwei Abgar, zu deren Jugendgenossen wir den
Bardesanes machen könnten. Ein Zusammenwerfen von zwei
gleichen Namen wäre der schlimmste Tadel, der den Epiphanius treffen könnte, und da Bardesanes recht gut über
das Jahr 200 hinaus gelebt haben kann, so wäre es leicht
möglich, dass er Abgar's VIII. Spielgenosse gewesen ist.
Dieser Abgar VIII. hätte dann das Alter von sechzig und
einigen Jahren erreicht, was recht gut denkbar ist. Da nun
auch Abul farag' erzählt, Bardesanes habe unter Commodus
noch gelebt, wogegen Epiphanius ihn nur bis unter Marc
Aurel reichen lässt, so ist eben dieser Bericht nur eine Bestätigung mehr für das Chronicon edessenum. Dies zu verwerfen hat, wie gesagt, seine grosse Bedenklichkeit, Bardesanes muss für Edessa von hoher Bedeutung gewesen sein,
sonst würde sein Name in die Chronik nicht aufgenommen
sein; die im Chronicon vorangehende Angabe: Marcion fiel
ab 449 aer. gr. = 138 p. Chr. ist sehr genau, auch Ephraem
erwähnt, dass Bardesanes später als Marcion sei, das Chronicon stimmt mit Abul farag', und seine Notiz lässt sich mit
Epiphanius sonstigen Nachrichten zusammenreimen, nur die
Disputation und die Ueberreichung des Dialogs macht Schwie-
rigkeiten. Der Dialog aber ist, weil unecht, nie überreicht
worden, und hieraus dürfte sich's ergeben, dass die Disputation nie gehalten ist. Die ganze Erzählung hat ihre Grundlage allein in dem Vorhandensein des Dialogs, der zu seiner
Zeit von Einfluss auch auf die orthodoxe Kirche gewesen ist,
die Nachricht von der Ueberreichung an Antonin scheint dann
aus der Analogie hervorgegangen zu sein. Justin der Märtyrer, Athenagoras, Melito von Sardes wandten sich an Marc
Aurel, warum sollte sich nicht auch Bardesanes, der Philo-

soph, bei Gelegenheit der Anwesenheit des Kaisers an ihn als „den Philosophen" mit seiner Schrift gegen das Schicksal wenden? Als weiterer Zusatz ergab sich dann die Disputation mit Apollonius sehr leicht. Die beiden Antonine sind dabei freilich verwechselt.

Kehren wir nach dieser nothwendigen Abschweifung zu unserm Dialoge zurück, so hatten wir ihn als eine in Bardesanes Schule verfasste Aufzeichnung seiner Lehren erkannt. Zu dem dabei nothwendigen Lehreransehn kann es unser Gnostiker aber kaum vor seinem dreissigsten Jahre gebracht haben, der Verfasser Philippus nennt ihn Vater, er erwiedert ihm mit der Anrede, mein Sohn Philippus. Wenn dies auch gerade nicht zu pressen ist, so geht doch so viel daraus hervor, dass wir die Abfassungszeit des Schriftstücks kaum vor Bardesanes dreissigstes Lebensjahr, eher aber später setzen können, vermuthlich wird er also nach dem Jahre 184, in runder Zahl 190 abgefasst sein. Ein sicheres Zeugniss für sein Vorhandensein als terminus ad quem lässt sich leider nicht auffinden, wie wir im letzten Abschnitt sehen werden.

Hier sind jedoch noch einige Puncte über das Gespräch besonders zu erörtern. Wir rücken den Dialog gegen die gewöhnliche Annahme 25 Jahre herunter. Dies bestätigt sich auch, abgesehen von der äussern Notiz der edessener Chronik, durch den Dialog selbst. Bardesanes erwähnt darin eine noch nicht lange vergangne Eroberung Arabiens durch die Römer, in Folge deren diese den Arabern die Beschneidung verboten hätten. Man könnte hierbei an Hadrians Kampf gegen die Juden unter Barkochba 134 denken, hiervon sagt wenigstens Spartianus, den Juden sei vom Kaiser die Beschneidung verboten[1]). Allein, wenn auch dies Ereigniss

---

[1] Tillemont, Hist. des Emp. II. p. 120: Spartien prétend (ce qui paraît peu croyable) qu'on leur défendait la circoncision, et que ce fut ce qui les porta à prendre les armes. Die folgende Stelle steht II. p. 148. Wie begründet Tillemont's Zweifel an dem Beschneidungsverbot sind, beweisen die Worte des Justin gegen Tryphon cap. 16: ἡ κατά

richtig wäre, so könnte doch Bardesanes ein Factum aus
dem Jahre 134 zu seiner Zeit 165 nicht jüngst geschehen
(ܐܡܬܠ wörtlich gestern) nennen, ebenso wenig würde
Palästina, in dem ein Aufruhr unterdrückt worden war, mit
Arabien, das erobert sein soll, verwechselt worden sein.
Ein weiterer Krieg, der sich hierher ziehen liesse, findet
sich nun erst um 170, also immer nach dem Jahre, in dem
der Dialog dem Antoninus hätte vorgelegt sein müssen. In
dieser Zeit nämlich brach ein Aufstand der Bukoler in Aegypten aus, der von Cassius mit Mühe niedergeschlagen wurde.
Bei der Erwähnung dieser Begebenheit sagt Tillemont: On
remarque que Cassius ayant rétabli la discipline militaire par
sa sévérité fit de grands exploits, non seulement dans l'Egypte
mais aussi dans l'Arménie et dans l'Arabie [ce que l'histoire
n'éclaircit point]. Il paraît néaumoins, que cette guerre
d'Arabie fut considérable. Mais il semble, qu'il la faudrait
mettre dans le même temps que celle des Parthes, puisqu'
elles se firent l'une et l'autre par les mêmes troupes, qui
furent depuis employées dans celle des Marcomans. Der
Marcomannenkrieg 169—174 erforderte durch seine grosse
Gefahr ein Herbeiziehen aller Truppen, bis in seine erste
Zeit werden daher die Römer in Arabien geblieben sein und
dies wäre das Ereigniss, worauf Bardesanes, wenn der Dialog in den achtziger Jahren geschrieben ist, am leichtesten
mit dem Worte ܐܡܬܠ gestern anspielen kann. Was freilich das Beschneidungsverbot betrifft, so möchte dies seinem
Bedenken unterliegen. Auch arabische Ueberlieferungen deuten auf diesen Krieg hin; bei Gelegenheit der Erwähnung
Zenobias und Odenaths (Zeinab, Zebbâ und Amr der Araber)
heisst es, der Amr-Odenath, der Gemal der Zenobia sei der
dritte oder vierte (?) Abkömmling eines Odeina oder Odena-

σάρκα περιτομὴ εἰς σημεῖον ἐδόθη, ἵνα μηδεὶς ἐξ ὑμῶν ἐπιβαίνῃ εἰς
τὴν Ἱερουσαλήμ. War die Beschneidung ein Erkennungszeichen für die
Juden, so war sie nicht verboten, Justin widerlegt also das angebliche
Beschneidungsverbot vollständig.

thus, des Scheichs der Bani Samaida, oder Königs von Ama-
leq, den in der Mitte des zweiten Jahrhunderts ein römischer
Kaiser mit der Suzerainität über das nördliche Arabien bekleidet hätte [1]). Ist nun unsre Combination richtig, so würden Tillemonts Vermuthungen, der arabische Krieg sei nicht
unbedeutend gewesen, wofür auch das spricht, dass sich
sein Andenken in arabischer Ueberlieferung erhalten hat, in
unserm gleichzeitigen Dialoge ihre urkundliche Bestätigung
finden.

Ein weiterer Punct, durch den unser Dialog Wichtigkeit
und Interesse erhält, ist die höchst wahrscheinliche Bekanntschaft seines Verfassers mit der Peschiltha, einer Uebersetzung, deren Abfassungszeit zu bestimmen für die Aus-
legung des alten Testamentes von der höchsten Wichtigkeit
ist. Dass der Verfasser Philipp und mithin auch Bardesanes
die Bibel kennt, ist in unserer Uebersetzung in einer Note
durch Hinweisung auf Ps. 8 gezeigt, auch Ephraem bestätigt
die Annahme, unser Gnostiker habe die ganze Bibel alten
und neuen Testamentes anerkannt, wenn er Hymn. 55 p. 558
B. sagt: Sie erkennen an, dass sie von Moses das Gesetz
gelernt haben, ebenso Epiphanius: Er gebraucht das Gesetz
und die Propheten, das alte und neue Testament und ebenso
einige Apocryphen. Dass nun der Verfasser in dieser Stelle
nicht den hebräischen Text vor Augen hat, zeigen die Worte
ܟܠܗܘܢ ܝܬ ܘܐܩܝܡ, das hebr. אלהים hat sich hier in
die Engel verwandelt. Dabei zwar könnte man noch die LXX
finden, die den Gott ebenfalls in Engel verwandeln Ps. 8, 6,
dass er aber diese nicht gelesen hat, ergiebt sich aus dem
Ausdruck für Bild Gottes ܠܨܠܡܗ ܘܠ = צלם אלהים.
Dies Wort ܠܨܠܡܗ hat sich in der heutigen Peschiltha nur
in der Phrase ܠܨܠܡܗ ܒܢܝ Söhne Gottes בני אלהים erhal-

---

1) Vgl. Muir Life of Mahomet, London 1858. Vol. I. p. CLXVIII
und Hamz. Ispahan. arab. Text p. 96, auch Abulf. Ann. anteisl. erwähnt
den Amaleqiten Amr p. 122.

ten, Gen. 6, 2, Job. 1, 6, während בני אלים durch ܟܢܫ ܡܠܟܐ
wiedergegeben wird, wer aber weiss, ob neben den mancherlei Hebraismen in der syr. Genesis (ich will nur ܠܐ
anführen) nicht ursprünglich auch dieser gestanden hat, der
später heraus corrigiert ist? Jedenfalls deutet dies Wort auf
eine von der LXX abweichende Uebersetzung, die dem Bardesanes vorgelegen hat, und diese kann nur die aramäische,
d. i. die Peschittha sein, denn dass er den hebräischen Text,
den zu jener Zeit nur gelehrte Juden noch verstanden, gehabt
hat, ist doch sehr unwahrscheinlich. Dass die Peschittha
des alten Testamentes am Ende des zweiten Jahrhunderts
angefertigt ist, hat Perles [1]) wahrscheinlich gemacht, unsre
Stelle um 190 würde dann den ersten Beleg über ihr Dasein
abgeben.

Eine von unserer Chronologie abweichende Bestimmung
ist neulich von Priaulx gegeben in seiner Abhandlung Indian
embassies to Rome from the reign of Claudius to the death
of Justinian im Journal of the Royal asiatic society 1862.
Er legt wie wir die Angabe der edessener Chronik zu
Grunde und lässt Bardesanes bis in das dritte Jahrhundert
leben mit schlagender Berufung auf Porphyrius († 305), welcher sagt: Bardesanes lebte zur Zeit unserer Väter, de abst.
4, 17. Den Dialog aber setzt er in die Zeit Heliogabal's,
einestheils weil er die Erwähnung des römisch-arabischen
Krieges auf Severus 196 bezieht, Eutrop. 3, 18, Aurelius
Victor 20, 14, andrerseits weil er daran fest hält, der Dialog sei an einen Antonin gerichtet, den er in dem Ἀντω-
νίνος ὁ ἐξ Ἐμισῶν, Heliogabal, bei Porphyrius gefunden zu
haben glaubt. Was den ersten Punct betrifft, so haben wir
in dem Kriege des Lucius Verus einen Anhalt, Priaulx selbst
geht nur soweit in der Zeit hinunter, weil er keinen Bericht

---

1) Vgl. J. Perles Meletemata Peschitthoniana, Breslau 1859 p. 8
und Wichelhaus Buch p. 97, wonach die Peschittha auf Veranlassung eines Abgar, den Jos. Antiq. 20, 2, 5; 3, 4 Izates nennt, ausgear-
beitet ist.

findet; was den andern anbelangt, so ist durch die Unechtheit des Dialogs seine Ueberreichung unmöglich geworden,
wir haben also keinen Grund uns wohl oder übel nach irgend
einem Antonin umzusehen. Oder wäre es nicht ein komi-
sches Juste-milieu von Kritik, den Dialog für unecht zu
halten, Bardesanes Zeitalter von den Kirchenvätern für falsch
bestimmt zu erklären, und daneben die Notiz fest zu behaupten, der Dialog sei an irgend einen Antonin gerichtet,
deren wir im Laufe der Untersuchung schon vier mögliche
gefunden haben?

Endlich noch eine Bemerkung über den Schluss des Dialogs, wo auch von den Juden die Rede ist. Dort heisst es
ܐܠܗ ܕܐܬܪܐ ܕܝܠܗܘܢ ܡܢ ܢܡܘܣܐ ܕܐܬܪ, d. i. das Gesetz des
Ortes achten sie nicht. Diese Stelle könnte leicht dahin ge-
missdeutet werden, dass das angeblich von Hadrian gegebne
Beschneidungsverbot noch zu der Zeit gegolten habe, wo
der Dialog seine Stelle hat. Dies Gesetz soll nun aber von
Antoninus Pius aufgehoben sein, so dass man daraus ein
Indicium gegen unsre Zeitbestimmung nehmen könnte, um
mit Epiphanius das Leben des Bardesanes höher hinaufzu-
setzen. Allein, wie gesagt, wäre dies eine Missdeutung.
Es kommt dem Redner an jener Stelle darauf an, die freie
Entscheidung bei der Wahl des Gesetzes, dem man sich
unterwerfen will, an einem eminenten Beispiel darzuthun.
Nachdem er daher zuvor nachgewiesen, dass die Gestirne
keine Gewalt über oder gegen die verschiedenen Gesetze
verschiedener Völker haben, kommt er auf die Juden, an
denen er aufweist, dass nun aber auch die Landesgesetze
selbst auf die freie Entscheidung keinen Einfluss ausüben,
da die Juden trotz der Sterne und trotz der Landesgesetze
das mosaische Gesetz halten. So erst tritt die Stelle in ihr
rechtes Licht, ein specieller Bezug des Beschneidungsver-
botes auf unsre Stelle würde der ganzen Argumentation die
Spitze abbrechen, abgesehen davon, dass jenes Verbot den
allerbegründensten Zwweifeln unterliegt. Diese Bemerkung

bestätigt auch der Schluss des Ganzen: an den Juden zeigt sich, dass man neben dem Landesgesetze noch ein besonderes eignes haben könne, das mit jenem nicht zusammenstimme, an den Christen aber wird es klar, dass man sogar gegen jedes Landesgesetz nicht nur handeln könne, sondern auch müsse, und insofern erhält die menschliche Freiheit im Christenthume ihre Vollendung, denn wie es schon früher gesagt war, wer Gottesfurcht hegt, der hegt keine andre Furcht mehr, und den Christen scheidet nichts mehr vom Gebote Christi.

Das etwa wäre es, was wir zur Kritik unsrer Schrift zu sagen hätten, sie ist sonach für die Darstellung der bardesaneischen Gnosis die einzige authentische Quelle, ja überhaupt die einzige aus gnostischen Kreisen gegebne Selbstdarstellung, die auf unsre Zeit gekommen ist. Wir werden finden, dass mit ihrer Hülfe die Lehre des Bardesanes sich ganz anders herausstellt, als man nach den Darstellungen der Gegner namentlich Ephraems vermuthet, und das was sich für diesen Fall belegen lässt, gestattet auch weitere Schlüsse. Den übrigen Gnostikern wird es nicht besser ergangen sein, als dem grossen edessener Gelehrten, und wenn gar ihre Kunstausdrücke, falls sie nicht griechisch sind, ungenau übersetzt oder gar in der fremden Sprache beibehalten werden, wie *καυλακαυ σαυλασαυ* bei den Ophiten der Philosophumena, dann musste die Gnosis den griechisch Redenden und uns, die wir alles durch die Griechen beeinflusst ansehen, eher als eine Ausgeburt der ungebändigtsten Phantasie erscheinen, als für ein aus den wissenschaftlichen Bedingungen jener Zeit verständliches theosophisches System gelten.

Da wir Eusebius und Epiphanius Nachrichten im Vorübergehen schon oben beurtheilt haben, so bleibt uns nun noch übrig einige Worte über Ephraem hinzuzufügen [1]). Seine

---

1) Die Hymnen gegen alle Haeretiker finden sich Opp. syr. Tom. II. p. 437 f. Ich führe nur die Zahlen der Lieder und die Seiten an, doch

Bestreitung der Haeretiker hat eine poetische Form und schon
dies dürfte ein ungünstiges Vorurtheil gegen seine Darstellung begründen, sodann aber stellt er in der Regel Marcion,
Bardesanes und Manes neben einander, ohne dass man dabei unterscheiden kann, welchem von diesen dreien gerade
die betreffende Lehre ungehört, und hieraus ergiebt sich,
dass man nur solche von seinen Angaben benutzen kann,
die mit dem System des Dialogs harmonieren, indem die '
abweichenden nicht den Bardesanes, sondern einen der beiden Andern angehen müssen. Nicht selten mag er auch
einzelne Lehren in ein schiefes Licht gestellt haben; wenn
er z. B. sagt, Bardesanes leugne die Unsterblichkeit, so
würde man dies ohne Hülfe des Dialogs leicht missverstehn, .
er meint die Unsterblichkeit des Leibes, also die Auferstehung des Fleisches und dieser Sinn ergiebt sich nur, wenn
das Wort ܦܓܪܐ Leib an jener Stelle gepresst wird. Dies ist
zwar von Hahn richtig aufgefasst, der weitere Ausdruck aber
in dieser Stelle: Seine Hälfte schmäht er, ܠܦܠܓܗ ܡܨܥܪ
ܗܘܐ, ist ungenau und darum von Hahn dichotomistisch
verstanden worden, während Bardesanes der Trichotomie
von Leib, Seele und Geist huldigt. Vgl. hymn. 1. p. 438 C.
Ebenso unrichtig würde man nach p. 444 A. schliessen, Bardesanes habe neben dem obersten Gott einen Demiurgen
angenommen, was Hahn ohne den Dialog thun musste.
Ephraem spielt hier wie öfter mit dem Worte ܐܝܬܐ, das
Wesen und gelegentlich auch einmal Gott bedeutet. Auf
diese Weise will er den Bardesanes widerlegen, da der
Höchste doch immer nur einer sein, und somit auch von
ܐܝܬܐ kein Plural gebraucht werden könne. Vgl. p. 443 D.
und 555 D. Wie schwer es war, Ephraem Etwas zu Danke

---

muss vor Benedictus lateinischer Uebersetzung gewarnt werden, zumal
er sich's auch angelegen sein lässt, seinen Ephraem als Säule der
Rechtgläubigkeit contra hujus aevi sectarios, d. i. die Protestanten darzustellen.

zu thun, mag noch durch die eigenthümliche Stelle p. 438 F. gezeigt werden. Dass der orthodoxe Asket den Bardesanes wegen seines höfischen Lebens tadelt und seine langen Gewänder und Edelsteine eine Teufelsgabe nennt, ist immerhin begreiflich, warum ist er aber auch mit Marcion nicht zufrieden, der in Sack gekleidet geht und fastet?

Uebrigens hat Ephraem unsern Dialog ohne Zweifel gekannt und gelesen, wiewohl er ihn nicht anführt, denn in seiner Polemik gegen das astrologische Fatum p. 445 — 457 hält er sich nicht nur an die Methode unseres Dialogs, um den empirischen Gegenbeweis gegen die Wirksamkeit der Sterne zu führen, sondern er spielt auf einzelne Stellen deutlich an. So sagt er p. 445 A.: Moses beweist es uns, dass die Sterne des Himmels und der Ertrag der Erde zu unserm Dienste gemacht sind .... da der Herr der Schöpfung alles durch seine Werke in Bewegung setzt. Dann zeigt er auf, wie die Sonne dem Josua diente, ihren Stundengang änderte, wie aber trotzdem die Mütter gebaren, wie derselbe Tag, wo Sonne und Mond stillstanden, den Juden glücklich, den Amoräern verderblich war, wie Gott bei Jesu Geburt die Himmelslichter zwei Tage festhielt, so dass jedes Horoscop gestört wurde, und dies ist ganz die Weise des zweiten Theils unseres Dialogs. Auf ihn weist auch p. 449 A.: Strafen und Gesetze bezeugen dass es Freiheit giebt, sie unterweisen die Frechen und lehren die Thoren den gerechten Richter, der verdammt, und ebenso p. 453 F. die Bemerkung, Beschneidung und Vorhaut stammten nicht vom Schicksal, sondern würden vom Gebrauche aufrecht erhalten, was auf den Schluss des Dialogs geht.

Sonach ist Ephraem insoweit als sichere Quelle anzusehen, als er den im Dialoge vorgetragenen Lehren nicht widerspricht, diejenigen Angaben also, die als Ausführungen der im Dialoge niedergelegten Anschauungen betrachtet werden müssen, sind für die Darstellung zu benutzen.

Auch in den Acten Ephraems finden sich (Opp. syr. Tom. III. p. LI. und Assemani Bibl. Or. I. p. 47) Nachrichten über die Bardesanisten, allein sie gründen sich nur auf die Hymnen gegen die Haeretiker. Die erste Stelle ist eine zu hym. 53. p. 554 ersonnene Erzählung mit einem flüchtigen Seitenblick auf Jubal, Gen. 4, 21, dem der Satan die musikalischen Instrumente erfand, wie er Bardesanes zum Dichten trieb, die andre verhält sich ebenso zu andern Stellen der Hymn. Wir können aus ihnen daher nichts entnehmen, als dass zu Ephraems Zeiten die Bardesanisten in Edessa eine bedeutende Partei bildeten, was aber aus den Hymnen allein schon erhellt. Dass übrigens die Alten nicht träge waren nach vorhandenen Schriftstücken Geschichte zu erdichten, zeigt das Synaxarion der Kopten zum 15. Abib: وفى زمانه, ظهر ابن ديصان وكان مخالفا وكافرا وجادل الاب وغلبه, d. i. zu Ephraems Zeit trat Bardesanes auf, er war haeretisch und ungläubig, aber der Vater (Ephraem) bekämpfte und besiegte ihn. Weil Ephraem gegen Bardesanes geschrieben hat, wird er zu seinem Zeitgenossen gemacht. Ich gebe nun den Dialog in getreuer Uebersetzung, die fettgedruckten Ziffern bezeichnen die Seitenzahlen im Spicilegium syriacum, die mit einem C. versehenen Anmerkungen sind nicht mein, sondern Cureton's Eigenthum.

II.
Das Buch der Gesetze der Länder.

1. Als wir vor einiger Zeit gegangen waren, um unsern Bruder Schemaschgram zu besuchen, kam Bardesanes und traf uns dort. Nachdem er jenen begrüsst und gesehen hatte, dass es ihm wohl gieng, fragte er uns: Wovon redet ihr eben, denn ich habe eure Stimme gehört, als ich von draussen hereintrat. Er war nämlich gewohnt, sobald er uns, ehe er kam, in einer Unterhaltung begriffen fand, uns zu fragen, wovon wir sprächen, damit auch er über den Gegenstand mitredete. Wir nun erwiederten ihm: Dieser Awida hier sagt uns, wenn ein Gott ist, wie ihr angebt,

und dieser die Menschen geschaffen, und hiermit dasjenige
bezweckt, was ihr euch zu thun für verpflichtet haltet; — warum hat er die Menschen nicht so geschaffen, dass sie nicht
fehlen können, sondern allzeit was gut ist thun? Auf diese
Weise würde ja sein Wille erfüllt sein!

Da entgegnete ihm Bardesanes: Sage mir mein Sohn
Awida, wie entscheidest du dich, dass es keinen Gott des
Weltalls giebt, oder dass es einen giebt, und dass dieser
nicht will, dass sich die Menschen gerecht und gut betragen
sollen? Awida aber antwortete: Meister, ich frage nur diese
meine Altersgenossen, damit sie mir eine Aufklärung geben.

Bardesanes entgegnete: Wenn du lernen willst, so
wird es erspriesslicher für dich sein, dass du einen Aeltern
als diese fragst, willst du aber lehren, so ist es nicht ziemlich, dass du sie fragst, vielmehr musst du sie überreden,
dass sie dich fragen, was sie wollen, denn die Lehrer pfle-
gen gefragt zu werden, nicht aber selbst zu fragen. Wenn
sie es aber thun, so geschieht es um den Geist des Fragers
richtig anzuleiten, damit er das Richtige frage, um so zu
erkennen, was seine Absicht sei, denn es ist ein gutes
Ding, dass der Mensch wisse, wie er fragen soll.

Hierauf erwiederte Awida: Lernen will ich, und da
begann ich zuvor diese meine Brüder zu fragen, weil ich
mich vor dir scheute. Bardesanes aber sagte: Verständig
hast du geredet, doch wisse, wer etwas Vernünftiges 2. fragt,
um überzeugt zu werden und ohne Streit auf den Weg der
Wahrheit zu gelangen, der braucht sich nicht zu scheuen,
denn du wirst durch deine Frage den Geist des Gefragten
erfreuen. Wenn du also, mein Sohn, in Betreff deiner
Frage eine Ansicht hegst, so sage sie uns allen; billigen
wir sie, so eignen wir sie uns an, missbilligen wir sie dagegen, so sind wir verbunden, dir auseinanderzusetzen, warum
wir dies thun. Willst du nun diesen Gegenstand allein wissen, und hast du als Neuling unter den Schülern und An-
fänger in der Untersuchung noch keine vorgefasste Meinung
darüber, so werde ich ihn dir auseinandersetzen, damit du

nicht leer von uns ausgehst. Sollte dir das gefallen, was
ich dir sagen werde, so kann ich dir über denselben Gegenstand noch mehr mittheilen, wenn nicht, — nun so sagen
wir das unsrige ohne Gezänk.

Da sprach Awida: Ich wünsche sehr zu hören und
überzeugt zu werden, denn ich habe diesen Gegenstand
nicht von einem andern Menschen vernommen, sondern ihn
aus eignem Nachdenken diesen meinen Brüdern gesagt, die
mich aber nicht überzeugen wollen. Vielmehr sagen sie mir:
Glaube, glaube, und du wirst alles wissen können; allein
ich vermag nicht zu glauben, wenn ich nicht überzeugt bin.
Hierauf antwortete Bardesanes: Nicht Awida allein will nicht
glauben, sondern noch viele, die, weil der Glaube nicht in
ihnen ist, sich auch nicht überzeugen können, sondern ewig
niederreissen und aufbauen und aller Erkenntniss der Wahrheit bar erfunden werden. Da nun aber Awida nicht glauben will, siehe so will ich euch, die ihr Gläubige seid, über
die Frage, welche er angeregt hat, etwas sagen, und auch
er wird etwas mehr hören. Darauf begann er uns auseinanderzusetzen:

Es giebt viele Menschen, welche keinen Glauben haben
und eine Erkenntniss von der sichern Weisheit nicht besitzen, desshalb sind sie zum Reden und Lehren nicht taug-
lich und auch zum Hören nicht leicht geneigt, denn · sie
haben die Grundlage des Glaubens nicht, auf die sie bauen,
noch auch eine Hoffnung, auf die sie trauen. Und weil sie
selbst über Gott zweifeln, so hegen sie auch keine Furcht
vor ihm, die sie von allen Aengsten erlöst, denn in wem
keine Gottesfurcht ist, der ist allen Aengsten unterworfen.
Auch in Betreff dessen, 3. was sie nicht glauben, sind sie
nicht sicher, dass sie es mit Recht leugnen, sondern sie
schwanken in ihren Gedanken und können keinen Standpunkt
einnehmen, thöricht ist ihrer Gedanken Geschmack in ihrem
Munde und allezeit sind sie beängstigt, furchtsam und scham-
los. Was nun Awida sagt: Warum hat uns Gott nicht so
gemacht, dass wir nicht sündigen und uns verschulden, —

wenn der Mensch so eingerichtet wäre, so würde er ja für
seine Person nichts sein, als ein Werkzeug für den, der es
in Bewegung setzt, und dann ist doch klar, dass der, welcher es bewegt, es entweder zum Guten oder zum Bösen
bewegt. Worin nun wäre der Mensch verschieden von einer
Harfe, die ein Andrer spielt, oder von einem Schiffe, das
ein Andrer steuert? Lob aber und Tadel fallen auf die
Hand des Künstlers; die Harfe weiss nicht, was auf ihr
gespielt wird, das Schiff nicht, ob es gut gezogen und ge-
steuert wird, sondern diese Dinge sind Werkzeuge, zum
Gebrauche dessen gemacht, der sie kennt! So wollte Gott
in seiner Güte den Menschen nicht machen, vielmehr erhob
er ihn durch freie Selbstbestimmung über viele Wesen, und
machte ihn den Engeln gleich. Denn schaut die Sonne an,
den Mond, den Thierkreis und die übrigen Wesen, die in
einer Einzelnheit erhabner sind als wir, die freie Selbstbestimmung ihrer Persönlichkeit ist ihnen nicht gegeben,
sondern sie alle sind unter das Gesetz gestellt, so dass sie,
was ihnen geboten ist, allein thun und nichts Anderes [1]).
Denn nimmer sagt die Sonne, ich gehe nicht auf zu meiner
Zeit, nimmer der Mond, ich wechsle nicht, ich nehme nicht
ab noch zu, nimmer einer der Sterne, ich gehe nicht auf,
ich gehe nicht unter. Auch das Meer sagt nicht, ich trage
keine Schiffe, beharre nicht in meinen Grenzen, noch die
Berge, wir tragen die Länder nicht, die auf uns gelegt
sind [2]), nicht sagen die Winde, wir wehen nicht, noch die
Erde, ich trage und stütze nicht mehr das Alles, was auf

---

1) Der Verfasser hat hier wohl Ps. 8, 4 vor Augen, der nach der
Peschittha lautet: Weil sie auf deinen Himmel, das Werk deiner Fin-
ger, sehen, auf den Mond und die Sterne, die du gemacht hast ....
du hast ihn ein weniges geringer gemacht als die Engel. Rücksicht
auf die Peschittha zeigt auch der Ausdruck ܟ݂ܠ ‏ܚ‎, was
Hebraismus ist.

2) Syr. ‏ܩܘܡ‎ habe ich auf uns aus Rücksicht auf das Deutsche gegeben. Es ist nach dem ‏ܠܐ ܒܠܝ‎ zu verbessern.

mich gesetzt ist. Sind doch alle diese Wesen dienstbar und
einem einigen Gebote unterthan, da sie Werkzeuge der nie
irrenden Weisheit Gottes sind.

Wenn nun ein jegliches Ding dienstbar wäre, wo wäre
der, dem es diente, und würde ein jegliches Ding bedient,
wo wäre der Diener? Dann wäre das Eine vom Andern
nicht unterschieden; ein Etwas aber, das innerlich eins und
unterschiedslos wäre, ist ein Wesen [1]), das bis jetzt noch
nicht geschaffen ist, vielmehr ist alles was zur Dienstbarkeit
bestimmt ist, in die Gewalt des Menschen gegeben. Weil
er nach dem Bilde 4. Gottes geschaffen ist, darum ist ihm
dies Alles in Gnaden verliehen worden, damit es ihm auf
eine Weile dienstbar sei, und zwar ist es ihm dazu gegeben,
dass es sich durch seinen Willen bestimmen lasse, damit er,
was er zu thun vermag, wenn er will, thue, wenn er nicht will,
lasse [2]). Er nun hält sich rein oder verschuldigt sich, denn
wenn er so geschaffen wäre, dass er nichts Böses, woran er
sich verschuldigen könnte, zu thun vermöchte, so wäre auch
das Gute, das er thut, nicht sein Eigenthum, er vermöchte
sich dadurch nicht rein zu erhalten. Denn wer nicht aus
eignem Antrieb das Gute oder Böse thut, dessen Rechtfertigung und Verdammung steht bei dem Schicksal (Gad vgl.
Jes. 65, 11), das ihn gemacht hat. So wird es euch deutlich sein, dass Gottes Güte gegen die Menschen gross ist,

---

1) ܐܝܼܬܘܼܬܐ, was ich Wesen übersetze, kann hier nicht in dem
specifisch gnostischen Sinne von αἰών gebraucht sein; genauer sind
darunter zu verstehen Gott, die Engel, die Elementarwesen, die Herrscher und die Lenker, die weiter unten vorkommen.

2) Die letzte Periode weicht von Curetons englischer Uebersetzung
ab, nach der die Worte ܘܐܬܝܗܒ ܠܗ ܕܢܕܒܪܝܘܗܝ ܒܨܒܝܢܗ
lauten: And it has been given to him, to govern himself by his own
will. Allein dann würde man ܕܢܕܒܪܝܘܗܝ ܠܢܦܫܗ ܒܨܒܝܢܗ erwarten,
und die zweite Erwähnung der Freiheit ist überflüssig. Nach unserer
Uebersetzung drücken die Worte den Zweck der Schöpfung aus, nämlich der Freiheit der Menschen zu dienen.

und dass ihm freie Selbstbestimmung gegeben ist vor allen
den Elementarwesen, (στοιχεῖα, ܣܛܘܟܣܐ?) von denen wir
geredet haben. Durch diese freie Selbstbestimmung hält er
sich rein, lässt sich in göttähnlicher Weise durch sie leiten,
und hat mit den Engeln Gemeinschaft; auch diese haben ja
freie Selbstbestimmung erhalten, denn wir wissen, dass sie,
wenn sie dieselbe nicht hätten, sich nicht mit den Töchtern
der Menschen vermischt und nicht gesündigt haben würden,
so dass sie von ihren Standörtern fielen. In gleicher Weise
sind die Andern, welche den Willen ihres Herren in Selbstbeherrschung vollbracht haben, erhöht und geheiligt worden
und haben herrliche Gaben empfangen, denn jedes Wesen,
das da ist, bedarf des Herrn der Welt, und seiner Gaben
ist kein Ende. Nun aber wisset auch, dass selbst diejenigen
Wesen, von denen ich gesagt habe, dass sie unter den
Geboten stehen, nicht gänzlich aller Freiheit beraubt sind,
und deshalb werden am jüngsten Tage alle dem Gerichte
unterworfen.

Da sprach ich zu ihm: Wie können die Dinge, welche
selbst determiniert sind, gerichtet werden?

Er aber antwortete mir: Nicht darin, o Philippus, worin
sie determiniert sind, werden die Elementarwesen gerichtet,
sondern darin, worin sie selbständige Gewalt haben[1]). Denn
die Wesen (Aeonen? ܐܝܢܐ?) sind, sofern sie in die Welt
gesetzt sind, nicht ihrer natürlichen Beschaffenheit beraubt,
sondern nur an der Allgewalt ihrer Thätigkeit durch das
Zusammenwirken des Einen mit dem Andern verringert[2]),
und der Herrschaft ihres Schöpfers unterworfen. Nun wer-

---

1) ܐܝܠ ܒܗ̇ ܣܘܐ ܕܡܫܠܛܝܢ, auch oben habe ich ܣܘܠܛܢܐ
ܕܩܘܡܗܘܢ mit Selbstbeherrschung übersetzt.

2) Auch hier noch scheint sich der Verfasser in dem Worte ܚܣܝܪ
verringert an Ps. 8,6 anzuschliessen, wo es heisst: ܘܚܣܪܬܝܗܝ ܩܠܝܠ
ܡܢ ܡܠܐܟܐ

den sie nicht in dem gerichtet, wo sie unterworfen sind, sondern in dem, was ihr Eigenthum ist.

Hierauf warf ihm Awida ein: Was du gesagt hast, ist zwar sehr gut, aber siehe, die Gebote, welche den Menschen gegeben sind, sind schwer, und sie vermögen nicht dieselben zu vollbringen.

5. Bardesanes aber entgegnete: Das ist das Wort eines Mannes, der das Gute nicht thun will, und mehr noch, der seinem Widersacher gehorcht und unterthänig ist, denn dem Menschen ist nur geboten was er vollbringen kann, und zwar sind uns zwei Gebote vorgelegt, die der Freiheit ziemen und billig sind. Das eine ist, dass wir uns von allem fernhalten, was böse ist, und was wir hassen, wenn es uns geschieht, und das andre, dass wir thun, was gut ist, was wir lieben und wünschen, dass es auch uns geschehe. Welcher Mensch ist denn nun zu schwach um nicht zu stehlen, oder um nicht zu lügen, nicht die Ehe zu brechen und Unzucht zu treiben, oder wer um zu hassen und zu betrügen, da doch dies Alles unter den geistigen Theil des Menschen, nicht unter seine körperliche Kraft, sondern unter den Willen der Seele gehört? Gesetzt auch, der Mensch wäre arm, krank, alt und an seinen Gliedern verstümmelt, trotzdem vermag er dies Alles zu vermeiden. Und wie er im Stande ist dies zu vermeiden, so ist er auch im Stande zu lieben, zu segnen, die Wahrheit zu sagen und für das Wohl eines jeden, den er kennt, zu beten. Wenn er gesund ist und etwas erwirbt [1]), kann er von seinem Eigenthum mittheilen und den Kranken und Gebrechlichen mit seiner Körperkraft stützen. Auch dieses kann er. Ich weiss also nicht, was das wäre, was er nicht könnte und worüber die Glaubensarmen murren, denn ich hege die Ansicht, dass der Mensch in Betreff dieser Gebote mehr Kraft besitzt als in allen andern Dingen. Sie sind ja leicht, und es giebt

---

1) ܡܨܐ ܐܝܬܘܗܝ Cureton: have the use of his hands.

nichts, was sie stören könnte, ist uns doch nicht geboten, dass wir schwere Lasten von Steinen, von Holz oder andern Dingen tragen, was allein Leute von starkem Körper vermögen. Auch sollen wir keine Festungen bauen oder Städte gründen, was nur Könige können, noch auch ein Schiff steuern, was nur Seeleute verstehen, noch das Land vermessen und vertheilen, wozu nur die Messkünstler im Stande sind, oder eine Kunst ausüben, die einige Menschen besitzen, während sie andern fehlt; sondern nach Gottes Güte sind uns Gebote sonder Beschwerde gegeben, die jeder Mensch, der eine Seele hat, freudig thun kann. Denn es giebt keinen Menschen, der nicht freudig das Gute thäte, und der nicht Wohlgefallen in seiner Seele empfände, wenn er das Böse meidet, abgerechnet diejenigen, die für dieses Gute nicht geschaffen sind und die Unkraut genannt werden (ܙܝܙܢܐ, ζιζάνια). Denn wäre 6. der Richter nicht ungerecht, der den Menschen um solcher Dinge willen anklagt, die er nicht vollbringen kann?

Da erwiederte Awida: Von diesen Dingen sagst du, o Bardesanes, dass sie leicht sind?

Bardesanes aber antwortete: Für den der will, sagte und sage ich, dass sie leicht sind, denn sie sind die gute Leitung für einen freien Geist und eine Seele, die von ihren Lenkern (Medabbrâne, ܡܕܒܪܢܐ) nicht abgefallen ist. Die körperliche Thätigkeit erleidet von vielen Dingen Störungen, am meisten von Alter, Krankheit und Armuth.

Nun sagte Awida: Vielleicht dürfte Jemand im Stande sein, sich vor dem Bösen zu hüten, doch wer von den Menschen vermöchte das Gute zu thun?

Allein Bardesanes entgegnete: Es ist leichter Gutes zu thun, als sich vor dem Bösen zu hüten, denn das Gute ist des Menschen Eigenthum und so freut er sich, wenn er es thut, das Böse aber ist ein Werk des Teufels, und daher thut der Mensch, wenn er in seiner Natur erregt und nicht gesund ist, dieses Hassenswerthe. Wisse, mein Sohn, dass der Mensch seinen Freund lobt und preist, das ist ein leichtes Ding, dass er jedoch seinen Feind nicht reizt und schmäht, das ist nicht leicht, dennoch aber möglich. Wenn nun der Mensch das Gute thut, so ist sein Geist beseligt (im Zustande der Lust ܟܘܣܡܐ), sein Gewissen ruhig, und er wünscht, dass jeder seine That sehe, wenn er dagegen eine Sünde begeht und Jemand verletzt, so ist er beunruhigt, aufgeregt, voll von Zorn und Grimm, beängstigt an Seele und Leib und möchte von Niemand gesehen werden, wenn er sich in diesem Zustande (Gemüthsstimmung ܪܗܝܢܐ) befindet. Dasjenige, worüber er sich freut, und dem Lob und Preis folgen würde, ist ihm entrissen, dem aber, wodurch er beunruhigt und aufgeregt ist, dem folgt der Fluch der Schmach. Nun möchte Jemand einwenden, dass die Thoren sich sogar lustig gestimmt finden, wenn sie verwerfliche Dinge thun, — doch geschieht dies nicht, während sie dieselben vollführen, nicht, während sie gelobt werden und nicht in guter Erwartung, auch dauert dies Gefühl der Lust bei ihnen nicht an. Ein andres ist ja das Wohlbefinden der Gesundheit mit guter Erwartung, ein andres das Wohlbefinden der Krankheit mit schlechter Erwartung, ein andres ist die Begierde, ein andres die Liebe, ein andres die Freundschaft, ein andres die (freventliche) Genossenschaft, und wir müssen ohne Widerrede anerkennen, dass die falsche Liebe, die man Lust nennt, 7. in der für eine Stunde Befriedigung liegt, dennoch weit verschieden ist von der wahren Liebe, deren Befriedigung ohne verdorben und vernichtet zu werden in Ewigkeit dauert.

Da sprach ich zu ihm: Weiter sagte dieser Awida noch, dass der Mensch aus natürlichem Triebe sündigt, denn wenn er nicht auf das Sündigen angelegt wäre, dann würde er nicht sündigen.

Und Bardesanes antwortete: Wenn alle Menschen die gleiche Thätigkeit ausübten und dieselbe geistige Richtung verfolgten, so wäre es klar, dass ihr natürlicher Trieb sie

lenkte, und dass die freie Selbstbestimmung, von der ich
euch geredet habe, in ihnen nicht anzutreffen wäre. Damit
ihr aber versteht was Naturbestimmtheit und was freie Selbstbestimmung ist, will ich fortfahren euch dies auseinanderzusetzen. Die Naturbestimmtheit des Menschen ist, dass er
geboren und erzogen wird, dass er in seinem Kraftalter
steht, dass er Kinder zeugt und Greis wird, dass er isst
und trinkt, schläft und erwacht, und dass er endlich stirbt.
Dies findet, weil es zur Naturbestimmtheit gehört, bei allen
Menschen Statt und nicht bei den Menschen allein, sondern
auch bei den beseelten Thieren und einiges davon sogar bei den
Bäumen, denn dies ist das Werk der Natur ($\varphi\acute{v}\sigma\iota\varsigma$ ܡܟܝܢܘ),
die jedes Ding, so wie es bestimmt ist, verrichtet, hervor-
bringt und festsetzt. Solche Naturbestimmtheit kann auch bei
den Thieren in ihrer Thätigkeit wahrgenommen werden, ein
Löwe frisst Fleisch nach seiner Naturbestimmtheit und darum
sind alle Löwen Fleischfresser, ein Schaf aber frisst Gras,
und so sind alle Schafe Grasfresser, eine Biene bereitet Honig um sich davon zu erhalten, daher bereiten alle Bienen
Honig, eine Ameise sammelt sich im Sommer Vorrath, um
im Winter davon zu leben, also thun alle Ameisen dasselbe,
der Scorpion plagt mit seinem Stachel auch den, der ihn
nicht verletzt, und so plagen alle Scorpionen. Alle Thiere
halten ihre Naturbestimmtheit fest, die Grasfresser fressen
kein Fleisch, die Fleischfresser kein Gras, die Menschen dagegen lassen sich nicht auf diese Weise lenken, vielmehr
bewahren sie zwar in den leiblichen Dingen ihre Naturbestimmtheit wie die Thiere, in den geistigen Dingen aber
thun sie was sie wollen als Freie, als Herrscher und als
Ebenbild Gottes.

Unter ihnen giebt es solche, die Fleisch essen und kein
Brot berühren, andre die gewisse Fleischspeisen aussondern,
noch andre, die überhaupt kein Fleisch beseelter Thiere geniessen. Es giebt Menschen, die sich mit ihren Müttern,
Schwestern 8. und Töchtern vermischen und hinwiederum
andre, die überhaupt kein Weib berühren. Es giebt solche,

die sich rächen wie Löwen und Panther, und andre, die
sogar den, der sie nicht verletzt hat, stechen wie die Scor-
pione, wieder giebt es solche, die sich wie Schafe leiten
lassen, ohne mit ihren Führern zu hadern, einige benehmen
sich gut und gerecht, andre böse.

Wenn nun Jemand sagt, dass ein jeder einzelne seine
eigne Naturbestimmtheit hat um so zu handeln, so wird er
dennoch einsehen müssen, dass dem nicht so ist. Giebt es
nicht Lüstlinge und Säufer, die, wenn sie die Mahnung guter Rathgeber trifft, züchtig und enthaltsam werden und die
Fleischeslust von sich werfen? Andre leben in Keuschheit
und Enthaltsamkeit, und wenn sie von der rechten Vermah-
nung sich abwenden und sich über die Vorschriften der
Gottheit und ihrer Lehrer hinwegsetzen, so werden sie Lüstlinge und Schwelger. Wieder andre bekehren sich von ihrem
Abfall, es kommt Furcht über sie, und so wenden sie sich
zu der Wahrheit zurück, in der sie früher standen.

Wo wäre denn nun die Naturbestimmtheit der Menschen?
Sieh, alle sind verschieden, der eine vom andern in ihrem
Betragen und in ihren Willensäusserungen, nur die in einer
Gesinnung und in einem Rathe stehen gleichen einander.
Aber die Menschen, denen bis zu diesem Augenblick ihre
Begierde schmeichelt und deren Führer ihre Leidenschaft ist,
die wollen dasjenige, worin sie sündigen, ihrem Schöpfer
aufbürden, damit sie nicht für Sünder angesehen werden,
und damit der, der sie gemacht hat, in eitler Rede die Schuld
tragen soll. Sie sehen nicht, dass es für die Naturbestimmtheit kein (sittliches) Gesetz giebt, da der Mensch doch nicht
angeklagt wird, weil er von Wuchse gross oder klein ist,
weil er weiss oder schwarz, gross- oder kleinäugig ist,
oder weil er einen körperlichen Fehler hat. Vielmehr wird
er angeklagt, weil er gestohlen oder gelogen hat, weil er
Betrug verübt oder vergiftet oder geflucht oder etwas dem
Aehnliches gethan hat. Hieraus ist es nun zu ersehen, dass
dasjenige, welches nicht in unserer Hand liegt, sondern
durch Naturbestimmtheit uns zukommt, uns keineswegs ver-

dammt, aber auch keineswegs schuldlos macht, wogegen wir durch dasjenige, welches wir in der freien Selbstbestimmung unserer Persönlichkeit thun, freigesprochen werden und Lob verdienen, falls es gut ist, aber verurtheilt und getadelt werden, sobald es schlecht ist.

. Da fragten wir ihn wieder und sprachen: Andre meinen doch, dass durch eine Bestimmung des Schicksals die Menschen geleitet werden, zu Zeiten schlecht, zu Zeiten gut? —

Er aber antwortete: Auch ich weiss, o Philippus und Barjamma [1]), dass es Leute giebt, 9. welche Chaldäer [2]) genannt werden, und auch andre, welche die Bekanntschaft mit dieser Kunst lieben, wie ich selbst sie vor Zeiten geliebt habe. Denn es wurde mir an einem andern Orte gesagt, dass die Menschenseele fähig ist etwas zu wissen, was Viele nicht wissen, nämlich was die Menschen zu thun begehren [3]),

---

1) Cureton's Zweifel, ob ܟܢܥܢܐ Eigenname sei, scheinen mir grundlos, die noch mögliche Fassung: ein Sohn des Meeres = sehr tief, und im Zusammenhange: ܟܢܥܢܐ ܡܢ ܐܢܐ ܝܠܦ ich weiss sehr wohl ist überaus gekünstelt, und dürfte schwerlich im Syrischen Analoga haben, Arab. تبكّر heisst freilich studieren.

2) Der Name ist hier für die Astrologen gebraucht wie im spätern Latein.

3) Die Stelle ist nicht ganz deutlich, Cureton zieht die Worte ܠܡܥܒܕ ܨܒܝܢ ܕܒܢܝܢܫܐ ܗܘ, die ich übersetze: nämlich, was die Menschen zu thun begehren zum vorangehenden Satze. Ich verstehe sie so: Die Astrologen wissen auch die geheimen Neigungen der Menschen. Dann müsste aber für ܐܝܟ eigentlich stehen ܐܢܐ؟. Cureton übersetzt: ... that the soul of man is capable of knowing that, which many do not know, and the same men meditate to do; and all they do wrong, and all they do good etc. Hierbei würde man aber vor den Worten ܡܢ؟ ܗܢ ܐܝܟܐ؟ ܡܢ ܕܡܬܪܥܝܢ؟ ܕܣܥܪܝܢ ܘܡܕܡܠܟܝܢ ein entsprechendes Verbum vermissen, etwa ܘܡܢ ܕܪܒܩ, was Cureton's Uebersetzung: it is from the influence of those Stars,

alles, worin sie fehlen, alles, was sie Gutes thun, alle Dinge, die sie betreffen, in Reichthum und Armuth, in Krankheit, in Gesundheit und in Leibesschäden, — dass sie dies wissen können aus dem Einfluss der Sterne, welche bei ihnen die Sieben heissen, und durch welche sie geleitet werden. Andre meinen im Gegensatz dazu, dass diese Wissenschaft eine Lüge der Chaldäer ist, und dass es überhaupt kein Schicksal giebt, dass dies ein leerer Name ist, dass vielmehr alle Dinge, grosse wie kleine in der Hand des Menschen stehen, und dass Leibesschäden und Fehler ihn zufällig treffen und ihm anhaften. Wieder andre meinen, dass der Mensch alles, was er thut, nach seinem Willen thut, und dass es in seine freie Entscheidung gegeben ist, dass aber Fehler, Schäden und Uebel, die ihn treffen, eine Strafe sind, die er von Gott empfängt. Mir hingegen scheint nach meiner Einsicht, dass diese drei Ansichten (αἱρέσεις ܡܢ̈ܘܬܐ) zum Theil Recht, zum Theil Unrecht haben; Recht, weil die Menschen nach der Erscheinungsform [1], welche sie wahrnehmen, urtheilen, und weil sie sehen, wie die Dinge auf sie einwirken; Unrecht, weil die Weisheit Gottes für sie zu reich ist, sie, die die Welten errichtet, die den Menschen geschaffen, die Lenker eingesetzt und allen Dingen die Gewalt gegeben hat, welche ihnen entspricht. Nun meine ich, dass solche Gewalt zukommt Gott, den Engeln, den Herrschern (Schliṭâne ܫܠܝܛܢܐ), den Lenkern (Medabbrâne ܡܕܒܪܢܐ), den Elementarwesen (στοιχεῖα), den Menschen und den Thieren. Allein allen diesen Rangstufen, über welche ich geredet habe, ist nicht über Alles Gewalt gegeben, denn der Herr über das All ist ein einiger, vielmehr haben sie über Einzelnes Gewalt, über Andres nicht, wie

---

which are called the Seven, zu umgehen sucht. Der Sinn des Ganzen ist jedenfalls klar.

1) Erscheinungsform, ܨܘܪܬܐ Röm. 2, 20 = μόρφωσις, μόρφωσις τῆς γνώσεως, Hesych. σχηματισμός.

ich oben bemerkt habe, damit sie an dem, worüber sie
Gewalt haben, die göttliche Güte erkennen, und an dem,
worin sie keine Gewalt besitzen, lernen, dass sie einen
Herren haben.

Sonach giebt es ein Schicksal, wie die Chaldäer sagen,
und dass die Dinge nicht in unserm Willen stehen, ist daraus klar, dass die Masse der Menschen reich und mächtig
10. über ihre Mitmenschen und gesund an ihren Leibern sein
möchte, dass sie wünschen, die Dinge möchten ihnen gehorsamen, wie sie es verlangen, während doch Reichthum
nur bei wenigen, Macht nur bei einzelnen und auch körperliche Gesundheit nicht bei allen angetroffen wird, während
sogar die Reichen ihren Reichthum nicht völlig besitzen, und
selbst den Gewaltigen die Dinge nicht so, wie sie wünschen,
unterthänig sind. Zu Zeiten sind die Reichen reich, wie sie
es wünschen, zu Zeiten verarmen sie, wie sie es nicht wünschen, die ganz Armen wohnen, wie sie es nicht wollen,
und leben in der Welt, wie sie es nicht lieben, sie streben
nach den Dingen und diese fliehen sie. Viele erzeugen Kinder ohne sie gross zu ziehen, andre ziehen sie auf, ohne
sie selbst zu besitzen, andern, die sie besitzen, gereichen
sie zu Schmach und Kummer. Einige haben Reichthümer
nach Begehr und sind wider ihren Willen krank, andre sind
zwar nach Wunsch gesund, aber arm, wie sie nicht möchten. Manche haben Vieles, was sie wollen und Wenig von
dem, was sie nicht wollen, andre haben Viel von dem, was
sie nicht mögen und Wenig, was sie begehren. Demnach
verhält sich die Sache so, dass Reichthümer, Ehren, Gesundheit, Krankheit, Kinder und alle begehrenswerthen Dinge
unter das Schicksal gestellt sind und nicht in unserer Gewalt
liegen, dass wir vielmehr, wenn es unserm Begehren gemäss ist, darüber Lust empfinden und erfreut sind, wenn
es dagegen unserm Begehren nicht entspricht, durch Gewalt gezogen werden; und durch dasjenige, welches uns
wider unsern Willen trifft, wird es ersichtlich, dass auch das,
welches wir wünschen, nicht um unseres Wollens willen uns

trifft, sondern dass es geschieht, so wie es geschieht, sowohl das, worüber wir Lust, wie das, worüber wir Unlust empfinden. Sonach werden wir Menschen gleichmässig von der Naturbestimmtheit, verschieden von dem Schicksal gelenkt, nur im Reiche unsrer Freiheit, da thut ein jeglicher was er will.

Nun aber wollen wir fortfahren und auch von dem Schicksal zeigen, dass es nicht über alle Dinge Gewalt hat, weil dies Etwas, welches Schicksal genannt wird, selbst eine Ordnung des Ausflusses [1]) ist, welche Gott den Herrschern und den Elementarwesen gegeben hat. Auf Grund dieses Ausflusses und dieser Ordnung verändern sich die Geister [2]) bei ihrem Herabgehen in die Seele, und die Seelen verändern sich bei ihrem Herabgehen in die Leiber, und eben das diese Veränderung bewirkende Agens [3]) heisst Schicksal (ḥelqa) und Gestirnconstellation (ܟܣܐ ܚܠܩܐ, Geburtshaus, d. i. Horoscop) dieser Versammlung, welche geschüttelt (gesiebt) und gereinigt ist zur Unterstützung des Dinges, welches durch die göttliche Güte und Gnade u. unterstützt worden ist und unterstützt bleibt bis zur Vernichtung des Weltalls. Es wird also der Körper durch die Naturbestimmtheit gelenkt, wiewohl die Seele mit ihm leidet und empfindet, vom Schicksal aber wird der Körper nicht

---

1) ܡܟܢܘܬܐ Emanation. ܪܕܐ ausfliessen bei Ephr. Tom. III. De divers. serm. 3: ܡܟܣܕܡܝܐ ܡܟܣܕܐ ܗܘ ܡܢ ܡܟܣܚ ܡܠܐ ܣܕ ܠܓܘܗ. Ebenso ist Gott ein ܪܕܐ ܐܘܩܕܐ ܡܣܚܘ ܡܟܣܐ Ephr. Tom. II. p. 556. E.

2) ܡܢܦܐ

3) Cureton übersetzt ܡܫܠܟܐ alternation, da aber das Schicksal hier als in die Naturbestimmtheit ܟܝܢܐ eingreifend dargestellt wird, so muss es als für sich subsistierend, hypostatisch aufgefasst werden. Ich übersetze daher ܡܫܠܟܐ ein Veränderung bewirkendes Agens.

behindert und nicht unterstützt in allen Dingen, welche er als einzelner für sich thut. So wird ein Mann nicht Vater vor dem fünfzehnten Jahre, und vor dem dreizehnten ein Weib nicht Mutter, ebenso hat das Greisenalter sein Gesetz, dass die Weiber aufhören zu gebären, und die Männer der Zeugungskraft beraubt werden, wogegen andre beseelte Wesen, gleichfalls durch ihre Naturbestimmtheit gelenkt, schon vor den bezeichneten Jahren nicht nur sich fortpflanzen, sondern auch für die Fortpflanzung schon zu alt sind. Wie nun die Menschenleiber, wenn sie altern, sich nicht fortpflanzen, so ist auch das Schicksal nicht im Stande ihnen Kinder zu geben, wenn der Leib nicht mehr die Naturbestimmtheit hat sie zu geben. Ebensowenig kann das Schicksal den Leib des Menschen beim Leben erhalten ohne Speise und Trank, noch ihm, trotz Speise und Trank die Unsterblichkeit verleihen, denn dieses und vieles Andere gehört unter die Naturbestimmtheit. Aber wenn die Zeiten und Arten der Naturwirkung zu Ende sind, dann tritt das Schicksal ein und wird unter jenen sichtbar und thut Dinge, eins vom andern verschieden, bald die Naturbestimmtheit unterstützend und fördernd, bald sie hindernd und zurückhaltend; so stammt denn von der Naturbestimmtheit das Wachsthum und die Vollendung des Leibes, aber im Schicksal liegen, abgesehen von der Naturbestimmtheit, die Krankheiten und Schäden des Leibes. Von der Naturbestimmtheit geht die Vereinigung der männlichen und weiblichen Wesen, so wie die befriedigende Ruhe beider Theile aus, das Schicksal aber bedingt den Hass und die Trennung der Vereinigung, alle Unreinheit und allen Schmerz; es ist das Schicksal um dessentwillen die Menschen die Vereinigung in der Wollust vollziehen. Von der Naturbestimmtheit stammt Geburt und Kinder, von dem Schicksal aber werden die Kinder verdorben, weggenommen und sterben zur Unzeit, von der Naturbestimmtheit erfolgt eine Sättigung mit Massen für alle Leiber, vom Schicksal, Mangel an Unterhalt und Leibesbeschwerden, ebenso wie Schwelgerei und aller unnöthige Luxus. Die Natur ordnet an, dass Greise für Jünglinge, Weise für Thoren Richter sind, dass Starke die Herrscher der Schwachen, Muthige die der Feigen sind, das Schicksal aber macht es, dass Jünglinge über Greisen, Thoren über Weisen stehen, und dass in den Zeiten der Fährlichkeit, Schwache die Starken und Feige die Muthigen befehligen.

12. Vor allem aber bemerkt, dass jederzeit, wenn die Naturbestimmtheit von ihrem geraden Wege abgelenkt wird, dies vermöge des Schicksals geschieht, welches für jene das störende Princip ist, weil die Häupter (ܪܝ̈ܫܐ rische) und Lenker (Medabbrâne), in welchen das Veränderungsprincip liegt[1]), welches Horoscop genannt wird, einander feindlich entgegenstehen. Der eine Theil von diesen, welche die rechts stehenden genannt werden, sind der Naturbestimmtheit förderlich und mehren ihre Schönheit, wenn ihnen der Ausfluss (ܡܪܕܝܬܐ, Murdithâ, Emanation) günstig ist und sie an hohen Stellen in der Station in ihren eignen Theilen stehen, welche aber Linke genannt werden, die sind böse, und wenn sie hohe Stellen einnehmen, so werden sie der Natur feindlich, sie schaden nicht dem Menschen allein, sondern zeitweilig auch den Thieren, den Bäumen, den Früchten, den Jahresproducten, den Wasserquellen und überhaupt allen Dingen, die unter einer Naturbestimmung stehen, welche von der Lenkung (ܡܕܒܪܢܘܬܐ Medabbranûtha) jener (Sternconstellationen) abhängig sind. Wegen dieser Theilungen und Spaltungen, welche zwischen den Herrschern (Schlitâne) existieren, giebt es Menschen, welche meinen, dass die Welt ohne eine Oberleitung gelenkt wird, weil sie nicht begreifen, dass diese Spaltungen und Theilungen sammt der Rechtferti-

---

1) Cureton übersetzt hier wie oben ܫܘܠܛܢܐ alternation Ich schreibe hier meiner ersten Wiedergabe „das Veränderung bewirkende Agens" entsprechend das Veränderungsprincip. Oben gab ich ܒܝܬܐ Sternconstellation, doch pflegt es mit Horoscop übersetzt zu werden.

gung und Verdammnung aus dem Vermögen [1]) stammen, welches von Gott in die Freiheit gelegt ist, so dass auch diese Principien [2]) durch die Herrschaft über sich selbst entweder gerecht sind oder sich verschulden. Wie wir nun sehen, dass das Schicksal der Naturbestimmtheit entgegentritt, so können wir auch sehen, wie die freie Selbstbestimmung des Menschen zuweilen das Schicksal zurückstösst und drängt, doch nicht in jedem Stücke, wie ja auch das Schicksal nicht überall die Naturbestimmtheit zurückstösst. So geziemt sich's nun, dass diese drei Dinge, die Naturbestimmtheit, das Schicksal und die Freiheit bei ihrem Dasein erhalten werden, bis der Ausfluss vollendet, und Mass und Zahl erfüllt ist, so wie es von dem, der anordnet, bestimmt ist, welcher Art das Leben und das Ende aller Creaturen und der Zustand aller Wesen und Naturen sein soll.

Da sprach Awida: Mit dem, was du dargelegt hast, hast du mich überzeugt, dass der Mensch nicht durch Naturbestimmtheit sündigt, und dass die Menschen nicht auf gleiche Weise gelenkt werden. Wenn du jetzt auch zu zeigen vermagst, dass diejenigen, welche nun einmal sündigen, es nicht wegen des Schicksals und Fatums (ܦܘܣܩܢܐ, Phuskâna) thun, alsdann muss man glauben, dass der Mensch freie Selbstbestimmung besitze, dass er bei seiner Naturbestimmtheit sich dem Guten nähern und das Böse meiden kann, so dass er am jüngsten Tage nach Recht gerichtet wird.

Hierauf erwiederte Bardesanes: Wie du dich daraus, dass die Menschen nicht gleichmässig gelenkt werden, **13.** überzeugt hast, dass sie nicht aus ihrer Naturbestimmtheit heraus sündigen, so wirst du dich auch überzeugen müssen, dass sie keineswegs auf die Bestimmung ihres Schicksals hin sündigen, wenn ich dir beweisen kann, dass die richterliche

---

1) ܐܪܙܐ

2) ܫܠܝܛܐ eigentl. agentia, gemeint sind die persönlich gedachten Herrscher, Lenker etc.

Entscheidung (der bestimmende Einfluss) der Schicksale und
Herrscher nicht alle Menschen auf gleiche Weise bewegt
(zum Thun und Lassen treibt), sondern dass wir freie Selbstbestimmung über unsre Person haben, um weder der Naturbestimmtheit der Physis $\left(\text{ܩܢܘܡܐ}\right)$ zu dienen, noch durch
die Lenkung der Herrscher getrieben zu werden.

Awida aber entgegnete: Zeige mir dies, und ich bin
von dir überzeugt, Alles was du mir gebeutst, ich werde
es ausführen.

Da sagte Bardesanes: Hast du die Bücher der babylo-
nischen Astrologen gelesen, worin geschrieben steht, was
die Sterne in ihren Constellationen bei dem Horoscop der
Menschen für einen Einfluss ausüben, und die Bücher der
Aegypter, worin alle Zufälle, die die Menschen betreffen
werden, verzeichnet sind?

Und Awida antwortete: Ich habe zwar astrologische
Schriften gelesen, doch weiss ich nicht, was die babyloni-
schen und aegyptischen sind.

Bardesanes aber sagte: Die Lehre beider Länder ist
dieselbe.

Awida antwortete: Das ist bekannt, dass es so ist.

Da entgegnete Bardesanes: So höre nun und lerne,
dass alle Menschen das, was die Sterne bestimmen durch
ihr Schicksal und ihre Zahlen, nicht auf der ganzen Erde
gleichmässig ausführen. Denn die Menschen haben sich an
allen Orten Gesetze gegeben vermöge der freien Selbstbestimmung, welche ihnen von Gott geschenkt ist, da doch dies
Geschenk selbst der Feind der Schicksalsbestimmung seitens
der Herrscher ist, welche sich eine Macht aneignen, die
ihnen nicht gegeben ist. So werde ich nun beginnen, so
weit ich mich zu entsinnen vermag, vom östlichen Ende der
Welt an aufzuzählen.

I. Gesetze der Serer[1]). Die Serer haben Gesetze

---

1) Ueber die Serer, vgl. Plin. H. N. 6, 17. Solinus 53. Pomp. Mela
1, 2. C.

nicht zu tödten, Unzucht zu treiben, und keine Götzen anzubeten; im ganzen Sererland giebt es keine Götzenbilder,
keine Hure, keinen Mörder und keinen Gemordeten, wiewohl auch sie zu allen Stunden und zu allen Tagen geboren
werden. Der gewaltthätige Mars (ܐ܊ܠܠ ܐ) zwingt also
die Freiheit der Serer nicht, auch wenn er mitten am Himmel steht, dass ein Mann das Blut seines Nächsten mit einer
eisernen Waffe vergiesse, auch zwingt die Venus (ܟܠܐ)
in Conjunction mit Mars keinen serischen Mann sich mit seines Nächsten Frau oder mit einem andern Weibe zu vermischen, Reiche aber und Arme, Kranke und Gesunde, Herrscher **14.** und Beherrschte giebt es dort, weil dies unter die
Gewalt der Lenker (ܠ܊ܪܒ̈ܡ Medabbrâne) gesetzt ist.

II. Gesetze der Brahmanen[1]), welche in Indien
sind. Weiter haben bei den Indern die Brahmanen, deren
es unter ihnen viele Tausende und Zehntausende giebt, ein
Gesetz nicht zu tödten, keine Götzen zu fürchten, nicht
Unzucht zu treiben, kein Fleisch zu essen und keinen Wein
zu trinken. Nichts von diesem findet unter ihnen Statt und
Tausende von Jahren lassen sie sich von diesem Gesetze,
welches sie sich selbst gegeben haben, leiten. Daneben
giebt es ein andres Gesetz in Indien in demselben Himmelsstrich[2]) für diejenigen, welche nicht zum Geschlecht und
zur Lehre der Brahmanen gehören, wonach sie den Götzen
dienen, Hurer und Mörder sein und andre schlechte Dinge
thun sollen, die den Brahmanen nicht anstehen. In dem
Himmelsstrich Indiens giebt es Menschen, die gewohnheits-
mässig Menschenfleisch geniessen, wie die übrigen Menschen
Thierfleisch essen. So zwingen also die bösen Sterne die

---

1) Vgl. Strabo 10. p. 712. Orig. c. Cels. p. 19 ed. Spencer; Hieron.
adv. Jov. Opp. ed. Ernesti II. p. 55. Palladius de Gentibus Indiae et
Bragman. ed. Bisse, Lond. 1665. C.

2) ܟܠܡܐ Cureton Clime, wird wie das arab. اَلْبِم für Zone, Himmelsstrich zu halten sein, deren die Araber sieben haben, was auch
unten Philipp dem Bardesanes einwirft und um Aufklärung bittet.

Brahmanen nicht schlechte und unreine Handlungen zu begehen, die guten Sterne bereden die andern Inder nicht das Böse zu meiden, und die, welche gut an die ihnen gebührenden Plätze in die Zeichen der Menschlichkeit (d. i. die Constellation unter der milde Menschen geboren werden) gestellt sind, überreden die Menschenfleischesser durchaus nicht.

III. Gesetz der Perser[1]). Ferner haben die Perser sich Gesetze gegeben, ihre Schwestern, ihre Töchter und ihrer Töchter Töchter zu Weibern zu nehmen, einige gehen noch weiter und nehmen sogar ihre Mütter. Von diesen Persern sind einige, die Magier heissen, weit zerstreut und leben in Medien, im Lande der Parther, in Parthu, in Aegypten und in Phrygien; und in allen Ländern und Himmelsstrichen, wo sie sind, lassen sie sich von diesem Gesetze, welches ihren Vätern gegeben ist, leiten. Dennoch können wir nicht sagen, dass für alle Magier und die übrigen Perser, Venus mit dem Monde und dem Saturn (وک

Kewân) im Hause des Saturn zusammenstand in ihren Theilen (Massen), während Mars ihnen zusah (Zeuge war). Es giebt viele Orte in dem Reich der Parther, wo die Männer ihre Weiber, ihre Brüder und ihre Söhne tödten, ohne eine Strafe zu verwirken, während bei den Römern und Griechen jeder, der einen solchen tödtet, sich einer grossen Strafzüchtigung schuldig macht.

IV. Gesetze der Gelen. Bei den Gelen säen und ernten die Weiber, sie bauen und verrichten alle 15. Werke der Arbeiter, sie kleiden sich nicht in bunte Gewänder, tragen keine Schuhe und bedienen sich keiner wohlriechenden Salben. Niemand klagt sie an, wenn sie mit Fremden Ehebruch treiben oder sich mit ihren Haussclaven vermischen. Ihre Männer, die Gelen kleiden sich in bunte Gewänder, schmücken sich mit Edelsteinen und Gold und salben sich

---

1) Vgl. Tertullian. adv. Nation. 1, 18. Orig. c. Cels. p. 248. 331. Clem. Hom. 19, 19. C.

mit wohlriechenden Salben. Aber sie lassen sich nicht we
gen ihrer Weichlichkeit so bestimmen, sondern wegen des
Gesetzes, das ihnen gegeben ist, und alle Männer lieben
die Jagd und führen Krieg. Trotzdem können wir nicht
behaupten, dass für alle Gelinnen Venus im Steinbock (ܠܝܢ
oder im Wassermann (ܠܘܿ Dawwâla) an einem Unglücksplatz
gestanden hat, (ܠܝܢ ܟܘܠܐ Bischuth Gadda) und es ist unmöglich anzunehmen, dass für alle gelischen Männer Mars
und Venus im Widder (ܐܡܪܐ Emra, eigentl. Lamm) waren,
eine Stelle, von der es heisst, dass tapfere und üppige[1])
Männer geboren werden.

V. Gesetze der Bakhtrianer. Bei den Bakhtria-
nern, welche Kaschanen[2]) heissen, zieren sich die Weiber
mit schönen Männerkleidern, mit vielem Golde und edlen
Kleinodien; Sclaven und Mägde sind mehr für ihren Dienst,
als für den ihrer Ehemänner, und sie reiten auf Pferden,
welche mit goldenem Zaumzeug und edlen Steinen geschmückt
sind. Diese Weiber bewahren die Keuschheit nicht, sondern
sie vereinigen sich mit ihren Sclaven und mit Fremden,
welche in jenes Land kommen, ihre Männer aber machen
ihnen daraus keinen Vorwurf und sie fürchten sich nicht,
weil die Kaschanen ihre Weiber als Herrinnen ansehen. Hier
kann man doch nicht sagen, dass für alle bakhtrischen
Weiber Venus, Mars und Juppiter (ܟܘܟܒܝܠ Kaukabil) im
Hause des Mars mitten am Himmel stehen, die Stelle, wo

---

1) Das syr. ܣܒܣܝܐ, welches Cureton nach Euseb. und Caesarius
σπατάλους lascivious wiedergiebt, bestätigt sich in diesem Sinn durch
das chald. נָפַק בַּר Cynaedus, ad concubitum masculum prostitutus und
fem. נָפְקָה scortum, cujus proprium vagando varietatem libidinis quae-
rere = זוֹנָה und קְדֵשָׁה.

2) Was Kaschanen bezeichnet, ist unbekannt. Zu vergleichen wäre
كشانيّة und كسان Abulfeda Géogr. edit. Reinaud et de lane p. 492,
500. Strabo 15. p. 728. Λέγονται δὲ καὶ Κίσσιοι οἱ Σούσιοι. Ptol.
Geogr. 6, 3 nennt ἡ Κίσσια und οἱ Κόσσοι bei Susiana. C.

reiche, ehebrecherische Weiber geboren werden, die ihre Männer in allen Stücken sich dienstbar machen.

VI. Gesetze der Racamäer, der Edessener und Araber. Bei den Racamäern, Edessenern und Arabern wird nicht nur die getödtet, welche die Ehe gebrochen hat, sondern auch die, auf der der Verdacht des Ehebruchs ruht, verwirkt Strafe.

VII. Gesetze in Hatra. In Hatra ist ein Gesetz gegeben, dass wer den geringsten Gegenstand stiehlt, selbst wenn er gemein wie Wasser [1]) wäre, gesteinigt wird. Bei den Kaschanen speit man demjenigen, welcher etwas der Art gestohlen hat, in das Antlitz. Bei den Römern wird, wer einen kleinen Diebstahl vollführt hat, gegeisselt und entlassen. Wer jenseit des Euphrat und im Osten als Dieb oder Mörder geschimpft wird, erzürnt sich nicht sehr, wenn aber einer Mannschänder gescholten wird, dann rächt er sich bis zur Begehung eines Mordes.

VIII. Gesetze 16. ..... Bei .... Knaben .... uns und nicht wird ge .... (Lücke in der Handschrift) [2]) .... Weiter tödten im ganzen Oriente die Väter und Brüder diejenigen, welche öffentlich geschmäht werden, zuweilen zeigen sie auch ihre Gräber nicht. Die Gesetze der Orientalen [3]) sind zu Ende.

IX. Im Norden bei den Galliern und im Lande

---

1) Syr. ܠܡܝܐ ܗܘ wörtlich dem Wasser gleich. Cureton bemerkt: Eusebius has ὀβόλου ἄξιον, as if he had read ܠܡܝܐ ܗܘ.

2) Hier war von der hellenischen Paederastie die Rede, wie aus Euseb. hervorgeht. Nach Cureton ist die Stelle absichtlich radiert.

3) Wenn die Lesart richtig ist, was mir nicht unwahrscheinlich ist, so sind diese Worte als Unterschrift des ersten Abschnitts zu fassen. Der Redner spricht nun von nördlichen Völkern. Das παρὰ Γάλλοις des Euseb. und der Recognitionen gebrauchen wir ohnehin noch, da der Text ܘܕܒܪܒܝܐ ܠܟܘܠ unvollständig ist und durch ܣܩ ܓܝܪ ܐ ergänzt werden muss.

der Germanen und ihrer Nachbaren [1]) dienen die schönen Jünglinge unter ihnen den Männern als Weiber, sogar Feste feiern sie dabei, und dies wird ihnen nicht als Schmach und Schande angerechnet, weil es für sie ein Gesetz ist. Dabei können wir doch nicht sagen, dass für alle die, welche unter den Galliern mit dieser Schmach befleckt werden, in ihren Horoscopen Mercur mit Venus im Hause des Saturn und in den Gebieten des Mars und in den Thierzeichen des Westens standen, denn von Männern, welche unter dieser Constellation geboren werden, steht doch geschrieben, dass sie Unwürdiges erleiden wie Weiber.

X. Gesetze der Britanier. Bei den Britaniern nehmen viele Männer ein Weib [2]).

XI. Gesetze der Parther. Bei den Parthern nimmt ein Mann viele Weiber und alle sind seinem Gebote in Keuschheit unterthänig, eines Gesetzes wegen, das dort gegeben ist [3]).

XII. Gesetze der Amazonen. Alle Amazonen, das gesammte Volk, haben keine Männer, sondern wie die Thiere gehen sie einmal im Jahre zur Frühlingszeit aus ihrem Gebiete, überschreiten den Fluss, und richten, wenn sie

---

1) Den Text, welcher lautet ‏ܠܡܣܬܝܢ ܐܬܪܐ ܕܝܢ ܕܓܠܝܐ‏ ‏ܘܠܗܘܢ‏ habe ich übersetzt als ob stünde ... ‏ܕܓܠܝܐ‏ ‏ܕܝܢ ܒܠܕ ܓܠܝܐ ܘܡܐܬܪܐ‏ ; dabei kann ich aber die Vermuthung nicht bergen, dass in dem Wort ‏ܘܓܠܝܐ‏ eigentlich ‏ܒܠܕ ܓܠܝܐ‏ steckt, dann wäre zu übersetzen: Bei den Galliern aber und im Land der Germanen und ihrer Nachbaren. Dies ist mir das Wahrscheinlichste, da ein syrischer Abschreiber des 6. oder 7. Jahrhunderts von den Galliern schwerlich viel wusste und daher die Stelle änderte.

2) Vgl. Caes. de bell. gall. 5, 14:

3) Die Namensform ‏ܦܪܬܘܝܐ‏ Partwāje ist um das Wau willen bemerkenswerth, welches dem altpersischen Parthava entspricht, auch griech. ist das Land $\Pi\alpha\varrho\vartheta\upsilon\acute{\eta}\nu\eta$, $\Pi\alpha\varrho\vartheta\upsilon\alpha\acute{\iota}\alpha$ mit Ypsilon für das v, später schwindet es in den Formen Parthia, $\Pi\alpha\varrho\vartheta\acute{\iota}\alpha$.

hinüber sind, ein grosses Gastmahl auf einem Berge an.
Dann kommen die Männer aus diesem Gebiete, bleiben vier-
zehn Tage bei ihnen und vermischen sich mit ihnen, wobei
sie empfangen. Darauf gehen sie in ihr Land zurück und
setzen von den Kindern, was männlich ist, aus, die weiblichen aber ziehen sie auf. Nun ist es doch klar, dass nach
dem Naturgesetz, wie alle in einem Monat schwanger werden, so auch alle in einem Monat gebären, ein weniges
früher oder ein weniges später, und wie wir gehört haben
sind sie alle kräftig und kriegerisch. Keiner aber von den
Sternen kann den Knaben, die geboren werden, helfen, dass
sie nicht ausgesetzt würden.

Buch der Astrologen. Im Buche der Astrologen
(Chaldäer) steht: Wenn Mercur mit Venus im Hause des
Mercur steht, so bringt dies Bildhauer, Maler und Geldwechsler hervor, sind sie aber im Hause der Venus, so verursacht
dies Salbenhändler, Tänzer, Sänger und Dichter. Allein im
ganzen Lande der Araber und der Saracenen, 17. im obern
Libyen, bei den Mauretaniern, im Lande der Numidier, an
der Mündung des Okeanus, im äussern Germanien, im obern
Sarmatien, in Spanien, in allen Ländern nördlich von Pontus,
im ganzen Bereich der Alanen, bei den Albaniern, bei den
Saṣâje und den Berusâje [1]), die jenseits des Duero sitzen,
da sieht kein Mensch Maler, Bildhauer, Salbenhändler, keiner Geldwechsler und Dichter, vielmehr ist der bestimmende
Einfluss des Mercur und der Venus verhindert die ganze
Welt zu umkreisen.

In ganz Medien wirft man die Menschen, wenn sie sterben, selbst wenn noch Athem in ihnen ist, den Hunden vor,
und die Hunde fressen die Todten von ganz Medien. Dennoch können wir nicht behaupten, dass alle Medier geboren
werden, während für sie der Mond mit Mars im Krebs am

---

1) Ich weiss nicht was für Völker dies sind. Darf man an Sachsen
denken, die nach 150 erwähnt werden? Auch Curet. kann die Namen
nicht unterbringen.

Tage unter der Erde steht, denn wer so geboren wird, steht geschrieben, den fressen die Hunde.

Wenn die Inder sterben so werden sie mit Feuer verbrannt und ihre Weiber verbrennen sich in grosser Zahl lebendig mit ihnen, wir dürfen aber nicht meinen, dass für alle indischen Weiber, die sich selbst verbrennen, in ihrem Horoscop Mars und die Sonne im Löwen bei Nacht unter der Erde stand, unter welcher Bedingung die geboren werden, welche mit Feuer verbrannt werden. ·

Alle Germanen sterben durch Erwürgung [1]), abgerechnet die, welche im Kriege fallen, es ist aber unmöglich, dass für alle Germanen in ihrem Horoscop der Mond und Hora (ࡘࡀࡎࡁ die Stunde) zwischen Mars und Saturn steht, sondern an allen Orten werden Menschen an jedem Tage und zu jeder Stunde geboren unter ganz verschiedenen Horoscopen, die Gesetze der Menschen überwinden die Vorausbestimmung und von ihren Gewohnheiten lassen sie sich lenken.

So zwingt also das Schicksal die Serer nicht einen Mord zu begehen, wenn sie nicht wollen, nicht die Brahmanen Fleisch zu essen, noch die Perser ihre Töchter und Schwestern nicht zu heirathen, oder die Inder nicht zu verbrennen, es verhindert die Meder nicht, dass sie von Hunden verzehrt werden, veranlasst die Parther nicht, dass sie nicht mehrere Weiber nehmen, nicht die Britanier, dass mehrere Männer ein Weib heirathen, es bestimmt die Edessener nicht dazu ihre Keuschheit aufzugeben oder die Hellenen gymnastische Uebungen zu unterlassen [2]), es treibt die Römer nicht an, den ewigen Ländererwerb aufzugeben, die Gallier

---

1) Die Germanen liebten den „Strohtod" nicht, worauf noch Tegnér in der Frithjofs Saga hindeutet:

    Nu vill jag rista
    Geirsodd och blöda,
    Strådüd ej höfves för Nordmannakung.

2) Hier fehlen im Msc. einige Worte. Die Erwähnung der Griechen und Römer lässt vermuthen, dass ihre Namen in die Lücke p. 16 gehören.

nicht, sich unter einander zu heirathen (die Männer), die Amazonen nicht ihre Knaben aufzuziehen, im ganzen Umkreise der Welt zwingt das Horoscop keinen Menschen 18. die Kunst der Musen zu üben, sondern, wie ich gesagt habe, an allen Orten und unter jedem Volke bedienen sich die Menschen ihrer natürlichen Freiheit, wie sie wollen. Dem Schicksal und der Naturbestimmtheit sind sie (in gewisser Art) unterworfen, weil der Leib, mit dem sie bekleidet sind, bald ihrem Willen entspricht, bald nicht, denn an allen Orten und unter jedem Volke giebt es Reiche und Arme, Herren und Diener, Gesunde und Kranke, ein jeglicher je nachdem ihn das Schicksal und das Horoscop trifft.

Da sprach ich zu ihm: Hiervon hast du, o Vater Bardesanes, uns überzeugt, und wir wissen, dass es wahr ist. Aber weisst du auch, dass die Chaldaeer sagen, die Erde zerfalle in sieben Theile, welche Klimata (Himmelsstriche, vgl. die obige Note) heissen, und über jeden dieser Theile herrsche je einer von den sieben Sternen und in jedem einzelnen dieser Striche walte die Entscheidung seiner Herrschaft vor, was Nomos [2]) genannt wird?

Da antwortete er mir: Zuvor wisse, mein Sohn Philippus, dass die Astrologen diese Rede zur Ausbreitung des Betruges erfunden haben, denn wenn auch die Erde in sieben Theile getheilt ist, so werden doch in jedem einzelnen dieser Theile viele gänzlich verschiedene Gesetze gefunden. Es giebt also nicht sieben Gesetze in der Welt nach der Zahl der sieben Sterne, auch nicht zwölf nach der Zahl der

---

1) ‎ܢܡܘܣܐ‎ ist zwar νόμος, Gesetz, sollte es aber in dieser Verbindung nicht νομός Gau sein, über jedem Himmelsgau steht dann ein Planet, oder nach Manilibus eins der Zeichen des Thierkreises über den einzelnen Ländern. So heisst es z. B. Syrien stünde unter dem Widder, ebenso Persien, Indien unter dem Krebs, Deutschland unter dem Steinbock, Italien unter der Wage u. s. w. Ueberhaupt bestätigt Manilius im Astronomicon die hier gegebnen Bestimmungen vielfach, doch lohnt es der Mühe nicht, den astrologischen Meinungen nachzugehen. Belehrungen über das Horoscop finden sich in Schleidens Studien

Thierkreiszeichen, auch nicht sechsunddreissig nach der Zahl
der Decane, sondern es giebt vielerlei Gesetze von Reich zu
Reich, von Ort zu Ort, von Kreis zu Kreis und in jedem
Wohnsitz, die alle von einander verschieden sind. Ihr erinnert euch, dass ich euch sagte, dass in dem einen Clima
der Inder Menschen sind, die nicht einmal Thierfleisch essen,
und wieder andre, die sogar Menschenfleisch essen. Ferner
sagte ich über die Perser und Mager, dass sie nicht im
Clima von Persien allein ihre Töchter und Schwestern heirathen, sondern an jedem Orte, wohin sie gehen, folgen sie
dem Gesetze ihrer Väter und bewahren ein Geheimniss über
das, welches sie ihnen überliefert haben. Bedenkt ferner,
dass ich euch viele Völker genannt habe, die den ganzen
Erdkreis rings umgeben, die nicht in einem Clima, sondern
unter allen Winden und in allen Climen wohnen, und dass
es bei ihnen die Künste nicht giebt, welche Mercur und
Venus in ihrer Conjunction mit einander, veranlassen. Wenn
es Gesetze für die Climate gäbe, dann könnte doch dies
nicht Statt finden; aber es ist deutlich, weil diese Menschen
fern sind vom Umgange mit andern, so sind sie vielartig in
ihren Lebensweisen.

19. Wie viele weise Männer, denkt ihr wohl, haben die
Gesetze, welche ihnen nicht gut gegeben schienen, aus ihren Ländern abgeschafft? Wie viele Gesetze sind in der
Noth aufgelöst, wie viele Könige hoben, wenn sie fremde
Länder erobert hatten, die bestehenden Gesetze auf, und
gaben solche, die ihnen beliebten? Und wenn dies geschah,
dann war kein Stern im Stande das Gesetz zu erhalten. Ein
Beispiel liegt euch nahe genug, dies zu sehen. Als jüngst
die Römer Arabien eroberten und alle Gesetze, die vor ihrer
Zeit gegolten hatten, abschafften, vor allem die Beschneidung, welche sie an sich auszuführen pflegten, da unterwarf
sich der eine, welcher seiner selbst Herr war, dem Gesetze,
das ihm ein anderer, der auch Selbstherrschaft empfangen
hat, auferlegte. Doch will ich euch noch etwas sagen, was
mehr als alles andere die Thoren und Glaubensarmen über-

53

führen kann. Die Juden, welche durch Mosen das Gesetz
empfangen haben, beschneiden ihre männlichen Kinder am
achten Tage, ohne die Ankunft der Sterne zu erwarten, das
Landesgesetz scheuen sie nicht, und der Stern, der in einem
Clima herrscht, zwingt sie nicht mit Gewalt, vielmehr, ob
sie in Edom oder Arabien, in Griechenland oder Persien,
im Norden oder Süden sind, dies Gesetz, das ihnen von
ihren Vätern gegeben ist, vollbringen sie. Und hierbei ist
es doch klar, dass sie dies nicht wegen des Horoscops thun,
denn es ist unmöglich, dass über allen Juden am achten
Tage, an dem sie beschnitten werden, Mars steht, so dass
Eisen über sie kommt, und ihr Blut vergossen wird. Ueber-
all wo sie sind, erweisen sie den Götzen keine Ehrfurcht,
einen von den sieben Wochentagen ruhen sie mit ihren Kindern von aller Arbeit, von allem Bauen, allem Niederreissen,
vom Kaufen und Verkaufen, sie tödten am Sabbath auch
kein Thier, zünden kein Feuer an und halten kein Gericht;
dabei wird kein Mensch unter ihnen gefunden, dem das
Schicksal geböte am Sabbath mit Gewinn oder mit Schaden
seine Sache zu führen, niederzureissen oder aufzubauen oder
eines von den Dingen zu thun, welche alle die, die dies
Gesetz nicht empfangen haben, verrichten. Sie haben auch
noch andre Vorschriften (für den Sabbath), durch welche
sie sich anders als die übrigen Menschen bestimmen lassen,
wiewohl sie doch an diesem Tage zeugen und geboren
werden, erkranken und sterben, da dieses nicht in der
Gewalt der Menschen steht.

20. In Syrien und Edessa pflegten die Menschen ihre
Mannheit [1]) zu Ehren der Tarátha fortzuschneiden, als aber

---

1) Cureton übersetzt ⳛ mit foreskin, Vorhaut, doch wäre
dies syrisch ⳛ, auch das Verbum dieser Stelle, ⳛ ex-
cidit, geht auf die Entmannung, beschneiden ist oben mit ⳛ gegeben. Der Namen Tarátha findet sich auch bei Jacob von Sarug Assem.
Bibl. or. I, 327, vgl. Chwolsohn Ssabier II, 157; der Gallencultus deutet

der König Abgar gläubig wurde, da gebot er, dass man jedem, der sich entmannte, die Hand abhauen solle, und von dem Tage an bis jetzt entmannt sich Niemand in Edessa.

Was aber sollen wir, die wir Christen sind, über das neue Geschlecht sagen, welches an jedem Orte und in allen Gegenden Christus durch seine Ankunft errichtet hat, die wir, wo wir auch sein mögen, mit dem einen Namen der Christen bezeichnet werden? An einem Tage, dem Sonntage versammeln wir uns, an den Tagen der Lectionen [1]) enthalten wir uns der Nahrung, die Brüder unter den Galliern nehmen keine Männer, die in Parthien nicht zwei Weiber, die unter den Juden beschneiden sich nicht. Unsre Schwestern unter den Gelen und Kaschanen vermischen sich nicht mit Fremden, die Perser heirathen ihre Töchter nicht, die in Medien fliehen weder ihre Todten, noch begraben sie dieselben noch lebendig oder werfen sie den Hunden zum Frasse vor. Die in Edessa tödten ihre Weiber und Schwestern nicht, wenn sie die Ehe brechen, sondern halten sich von ihnen fern (Excommunication?) und übergeben sie dem Gerichte Gottes, die in Ḥaṭra steinigen die Diebe nicht, sondern wo sie auch sind, und an welcher Stelle sie weilen, die Gesetze der Länder halten sie nicht ab von dem Gesetze ihres Messias, und die Schicksalsbestimmung der Lenker zwingt sie nicht, solcher Dinge sich zu bedienen, die in ihren Augen für unrein gelten. Krankheit aber und Gesundheit, Reichthum und Armuth, die nicht in ihrer freien Selbstbestimmung liegen, treffen sie, wo sie auch sein mögen. Denn wie die freie Selbstbestimmung der Menschen nicht

---

auf die dea syra, das Wort lässt sich durch ܬܲܪܥܵܐ, porta, mit rima vermitteln. Vgl. auch ܬܲܪܥܬܵܐ rima, fissura und den Namen der Atergatis.

1) Curet. on appointed days, weil er ܩܲܪ̈ܝܵܬܼܵܐ nicht versteht, ich vermuthe dafür ܩܸܪ̈ܝܵܬܼܵܐ lectiones. So Ephr. II. p. 548. C. Marcion ܠ̈ܕ̈ܟܲܝܵܐ ܒܩܸܪ̈ܝܵܢܘܗܝ ܘܠܘܝ, Marcion der durch seine Vorlesungen den Reinen betrübt.

durch den Zwang der Sieben gelenkt wird, und wenn sie
beeinflusst wird, diesem Einflusse entgegentreten kann, so
ist doch der Mensch in seiner Erscheinungsform (der Mensch,
der gesehen wird, wörtlich) nicht sogleich im Stande sich
der Einwirkung seiner Lenker zu entziehen, denn er ist
Sclave und unterthänig. Wenn wir Alles thun könnten, dann
wären wir Alles, und wenn gar nichts in unserer Hand läge,
so wären wir Werkzeuge für Andre. Sobald aber Gott will,
so können alle Dinge ohne Störung geschehen, denn diesen
grossen und heiligen Willen vermag nichts in Schranken zu
halten. Auch diejenigen, welche ihm entgegen zu stehen
meinen, stehen ihm nicht durch Kraft entgegen, sondern
durch Bosheit und Irrthum. Und dies kann eine kleine Weile
dauern, weil er gnädig und langmüthig gegen alle 21. Wesen
ist, damit sie so, wie sie sind, bleiben und sich von ihrem
Willen lenken lassen können, aber sie sind gebunden durch
die Werke, welche geschehen und durch die Einrichtungen,
welche zu ihrem Wohle getroffen sind. Denn diese Ordnung
und Lenkung, welche gegeben ist, und dies Zusammenwirken des Einen mit dem Andern hält die Gewalt der Naturwesen nieder, so dass sie weder absolut schädigend, noch
absolut geschädigt sein können, wie sie vor der Schöpfung
der Welt schädigend und geschädigt waren. Es wird aber
eine Zeit kommen, in der auch die Schädigung, welche noch
bei ihnen besteht, vollendet sein wird, durch die Lehre,
welche in einer andern Verbindung liegen wird. Dann werden bei der Errichtung jener neuen Welt alle übeln Störungen
ruhen, aller Abfall wird beendigt, alle Thoren überzeugt und
alle Mängel ausgefüllt sein und dann wird Ruhe und Friede
herrschen durch das Geschenk dessen, welcher der Herr aller
Naturwesen ist.

Ende des Buches von den Gesetzen der Länder.

III.

Das System des Bardesanes.

Es ist eine an sich nicht so leicht zu beantwortende
Frage, welche Reflexionen die Gnostiker zum Ausbau ihrer
bunten Systeme angetrieben haben mögen, was aber den
Bardesanes veranlasst hat sich seinen eignen Lehrbegriff zu
bilden, das zeigt uns dieser Dialog. Die Triebfeder war sein
Bestreben die ethischen Interessen aufrecht zu erhalten, das
Dasein der Willensfreiheit und somit der Verantwortlichkeit
darzulegen, und das Uebel zu erklären ohne Gott zu dessen
Urheber zu machen.

Es war am Ende des zweiten Jahrhunderts, wie uns
Euseb. H. E. 5, 27 erzählt, eine unter den Haeretikern vielfach verhandelte Frage, woher das Böse stamme, und es
ist der bedeutendsten Stimmen eine, die uns aus jener Zeit
her in unserm Dialoge entgegentönt; der Gegenstand wird
nach allen Seiten hin gewendet und endlich der springende
Punkt entdeckt, von dem aus sich das Dasein des Bösen
für denjenigen erklären lässt, der den Zusammenhang von
moralisch Bösem, der Sünde und physisch Bösem, dem Uebel
nicht zugesteht.

Der scheinbar einfachste Weg zur Lösung der Frage ist
der Dualismus, der Geist befriedigt sich zunächst, auch für
das Böse eine Ursache, sei es eine unpersönliche, die Materie, sei es eine persönliche, den Teufel, gefunden zu haben.
Beginnt aber die Speculation sich nach dem Wesen der zwei
Principien und nach ihrem gegenseitigen Verhältniss zu fragen, so mag sie ihre Antworten stellen, wie sie will, sie
wird sich in Widersprüche verwickeln. Denn, erklärt die
Speculation das böse Princip als Materie für ewig, so wird
das gute Princip ohnmächtig, da es den Qualitäten der Hyle
seine Natur nicht völlig ausprägen kann, und so an ihr seine
Schranke hat; erklärt sie es für nicht ewig, so muss der

Urheber des Alls, Gott, das gute Princip, das Böse hervorgebracht haben, was sich innerlich widerspricht. Wird das böse Princip aber als persönliches ewig gedacht, so stehen sich zwei Ewige gegenüber, wodurch das Wesen des Bösen und sein Gegensatz gegen das Gute vernichtet wird, erscheint endlich das böse Princip als persönlich, endlich und frei, so fragt sich, wie konnte es seinem Urheber, dem guten Gott, ungetreu werden und abfallen. Hiermit kehrt die Frage nach vollendetem Kreislauf an den Anfang zurück, wie in jener höhern Geisterwelt, so ist auch in der niedern irdischen dem Dualismus der Ursprung des Bösen unerklärlich, oder wenn er denselben durch die Annahme eines ewig Bösen begreiflich zu machen sucht, so hebt er das Böse selbst auf, und macht sich folgerichtig, als nur zur Erklärung des Bösen nothwendig, überflüssig.

Mögen daher Basilides und Valentinus noch so viele Aeonen aus dem Urwesen hervorgehen lassen, um die Brücke von der Materie zu dem guten Geiste zu bauen, bei ihrer dualistischen Grundanschauung ist das Wesen des Bösen immer verkannt und die Möglichkeit der Vernichtung desselben, als des Zieles der Weltentwicklung, ausgeschlossen. Während nun Bardesanes schon durch die scharfe Hervorhebung des practisch sittlichen Interesses über die speculirende Theosophie diese beiden Gnostiker weit übertrifft, ist auch die Gnosis des Marcion in ihm schon überwunden, der in seiner ethischen Richtung ihm ähnlich, doch noch im Dualismus befangen bleibt, über den hinaus Bardesanes schon zum Monismus fortgeschritten ist. Sofern der edessener Gnostiker seiner Vorgänger Lehren zugleich benutzte und bekämpfte, mag auch Ephraem Recht haben, wenn er ihn dem Sohne der Hagar vergleicht, der alle beraubt, dessen Hand wider Jeden und aller Hände wider ihn. Hymn. 41. p. 532. Durch die kräftige Betonung des Monismus gelingt es ihm das Böse als ein Gott Feindiches, dennoch aber Unselbständiges und ihm endlich Unterworfenes festzuhalten, ein letztes Gericht, das über allen Abfall ergeht, als möglich und nothwendig darzustellen und dem Menschen durch den empirischen Nachweis seiner formalen Freiheit seine sittliche Würde zu erhalten, auf der seine Verantwortlichkeit und damit die sittliche Ordnung des Lebens beruht. Die Selbstbeschränkung Gottes, der seinen Creaturen eine Zeit der freien Bewegung zugesteht, sie aber zugleich so stellt, dass die eine an der andern ihre Schranke hat, die Sünde als eignes Erzeugniss der creatürlichen Freiheit, das Böse als ungünstige Wirkung der höhern Creaturen auf die niedern und das endliche Gericht Gottes, das sich zu einem Reiche des Friedens verklärt, das sind die Grundgedanken des Bardesanes, die sich freilich nicht in abstract logischer Form, sondern unter mancherlei Bildern und Verhüllungen darstellten, zum System verknüpft aber ungefähr folgendermassen lauteten:

Gott der Urheber der Welt ist nur einer, der durch den Reichthum seiner Gnaden gegen alle Geschöpfe seine Liebe und Güte beweist, der aber auch seine Gerechtigkeit am Ende über allen Abfall und alle Sünden entfalten wird. Die Leitung der Welt ruht in seiner Hand, seine Einwirkung auf die Geschöpfe ist aber keine unmittelbare, sondern eine vermittelte und von ihm ursprünglich gesetzlich angeordnete, so dass der Lauf der Gestirne, die Grenzen von Festland und Meer, der Flug der Winde, die Festigkeit der Berge und der Erde Werkzeuge der nie irrenden Weisheit Gottes sind. Alle diese Dinge, welche Bardesanes Wesen (ܒܪ ܐܝܬܝܐ) nennt und mit einer gewissen Selbständigkeit begabt denkt, finden ihren Zweck in der Schöpfung des Menschen, der selbst nur seinem Willen unterthan ist, so dass er sich je nach seiner Handlungsweise versündigt oder unschuldig hält. Die ganze Schöpfung ist daher auf einen sittlichen Zweck hin angelegt, so jedoch, dass Gott durch seine einmalige Anordnung nicht gebunden ist, sondern willkürlich eingreifen kann. Die Möglichkeit eines solchen freien Eingreifens bleibt dadurch offen, dass die Wesenclassen, von denen weiter unten, immer in Gottes Gewalt bleiben und ihm dienen. Von einem Demiurgen ist nirgend die Rede, ἄϱχοντες, δυνάμεις, ἐξουσίαι und στοιχεῖα vermitteln den Verkehr des einigen Gottes mit seiner Welt.

Ueber die Art wie sich Bardesanes die Entstehung der Welt dachte, lässt uns der Dialog leider etwas im Dunkel, so viel aber können wir aus den Andeutungen abnehmen, dass er eine Emanation im gewöhnlichen Sinne nicht behauptete. Zum Begriffe der Emanation gehört wesentlich, dass das Emanierende unwillkürlich hervortritt und von dem Urwesen nicht absichtlich hervorgebracht wird, gerade aber ein solches bewusstes, stufenweises Aussichherausselzen dürfte die Weise bezeichnen, in der sich Bardesanes die Schöpfung vorstellte. Bei einem emanatistischen Systeme kann der Urgrund über das einmal Emanierte keine absolute Gewalt mehr ausüben, es ist mit Nothwendigkeit aus ihm hervorgegangen, und so in letzter Instanz doch immer wieder mit ihm identisch, der Emanatismus denkt pantheistisch, Bardesanes aber theistisch. Dies zeigt er am Ende seiner Unterredung auf das Unzweideutigste in den Worten: Wenn Gott will, so können alle Dinge ohne Störung geschehen, denn diesen grossen und heiligen Willen vermag nichts in Schranken zu halten. Von einer ewigen ungöttlichen Materie, aus der Gott den Kosmos geschaffen, findet sich im Dialoge keine Spur, und Ephraem, der Hymn. 14. p. 468 D. schreibt, Bardesanes habe die Hyle zur Familie des Schöpfers gezählt, (oder: beim Werk des Schöpfers mit genannt), wird ihm sehr Unrecht thun, zumal auch bei Adamantius de recta in Deum fidel admonitio, wo der Valentinianer Droserius so scharf wegen dieser seiner Lehre bekämpft wird, der Bardesanist Marinus aus dem Spiele bleibt und wegen ganz anderer Dinge streitet. Vielmehr wird dort, wo es sich um den Ursprung des Uebels handelt, das Droserius aus der Materie ableiten will, behauptet, es stamme aus der Freiheit, es sei accidentiell und nicht physisch, wesenhaft oder hypostatisch, wie dies ähnlich die Lehre des Bardesanes ist [1]).

Die göttliche Schöpfung erfolgte sonach durch einen Willensact, und zwar wurden, wie es p. 9 des Dialogs scheint, zuerst die Engel geschaffen. Diese waren frei in ihrer Willensentscheidung und umgaben den Thron Gottes mit herrlichen Gaben ausgezeichnet. Nach ihnen folgten die Herrscher (Schliṭàne, ܫܠܝܛܢܐ) und die Lenker (Medabbràne, ܡܕܒܪܢܐ) als siderische Potenzen, dann die Elementarwesen (στοιχεῖα, ܐܣܛܘܟܣܐ), das ist Erde, Winde, Feuer und Meer [2]), endlich die Menschen und die Thiere. Diese zusammen machen die geordnete Welt, den Kosmos aus, in dem eine jede dieser Wesenklassen ihren bestimmten Wirkungskreis und ihre beschränkte Freiheit hat, so dass eine der andern wohl entgegentreten, aber nie ihre Wirksamkeit völlig aufheben kann. Dieser Kosmos ist indessen nicht ohne Anfang und Ende, vor der Einrichtung des jetzigen Kosmos traten sich die Wesen einander entgegen, diesem Zustande der Unruhe und des Kriegs Aller gegen Alle machte Gott dann ein Ende durch die jetzige Welt, die nur sechs tausend Jahre besteht und durch eine neue Welt ersetzt wird. In der zukünftigen Welt werden aber auch alle die durch Feindschaft der Naturwesen heraufbeschworenen Störungen aufhören, aller Abfall beendigt, alle Thoren überzeugt sein und Ruhe und Friede werden herr-

---

1) Adamantius in Origen. Opp. Tom. 16. ed. Lommatzsch. Vgl. p. 350 — 360. Der Verfasser lässt seinen Adamantius sagen: Τὰ κακὰ οὐδὲ κατὰ φύσιν, οὐδὲ κατ᾽ οὐσίαν, οὐδὲ κατ᾽ ὑπόστασίν ἐστιν· ἀλλὰ τρόπῳ γίνονται τὰ κακὰ ἐκ τῆς αὐτεξουσιότητος.

2) Das Feuer, das der Dialog nicht nennt, setze ich aus Ephr. Hymn. 41. p. 532 E. hinzu. So erhalten wir die vier Elemente des Heraclit, die ursprünglich im Sphairos friedlich bei einander waren, bis der Streit unter sie kam und die Welt der Gegensätze hervorrief. Nach Bardesanes ist der Streit das erste, worauf der göttliche Wille im Kosmos sie ihre Gewalt gegenseitig beschränken liess.

schen. Die Ursache des jetzigen unruhigen Weltlaufs ist die
jetzt bestehende Verbindung der Wesen untereinander, eine
neue Verbindung (ܡܘܙܓܐ Muzàga, Mischung), die durch
den göttlichen Willen hervorgebracht wird, ruft dann das
erwartete Friedensreich in das Leben. Dass die Welt nur
sechs tausend Jahre bestehen würde, suchte Bardesanes durch
astronomische Speculation darzuthun, wie uns das syrische
Fragment, das in der Handschrift hinter dem Dialoge steht,
lehrt. Dort heisst es nämlich: Bardesanes ein Mann der
Vorzeit, berühmt wegen seiner Kenntniss der Ereignisse,
schreibt in einer der Abhandlungen, die er gefertigt, über
die Synoden der Himmelslichter folgendermassen:

Zwei Umläufe des Saturn sind sechzig Jahre,

Fünf - - Jupiter - - -

Vierzig - - Mars - - -

Sechzig - der Sonne - - -

Zwei und siebzig Umläufe der Venus sind sechzig Jahre,

Hundert und fünfzig Umläufe des Mercur sind sechzig Jahre,

Siebenhundert und zwanzig Umläufe des Mondes sind sechzig
     Jahre

und dies ist eine Synode für sie Alle, das heisst die Zeit
einer Synode für sie, so dass sich hieraus für hundert solcher Synoden sechs tausend Jahre ergeben, nämlich zwei
hundert Umläufe des Saturn sechs tausend Jahre, u. s. w.
..... und dies ist es, was Bardesanes so berechnete, als er
beweisen wollte, dass diese Welt nur sechstausend Jahre
besteht [1]).

---

1) Beiläufig sei hier noch einer Spielerei gedacht, die an Bardesanes Namen angeknüpft ist. Assemani führt im Catalogus Bibl. Va-
ticanae II. p. 522 aus Codex 96, der 1664 aer. gr. = 1352 geschrieben
ist, ein Geheimalphabet an, dessen sich die Gnostiker bedient haben
soll. Das Ganze kommt auf ein arithmetisches Kunststückchen hinaus.
Nach Absonderung der vier letzten Zeichen, die dem ק, ר, ש, ת entsprechen, bleiben 18 Consonanten übrig, deren Zahlwerth zu dem der
ihnen entsprechenden richtigen Consonanten addirt und hiervon die
Quersummen genommen zwei arithmetische Reihen mit dem Anzeiger 2

So also haben wir nach Bardesanes eine Welt, die ihrem Ende entgegengeht, zusammengesetzt aus sechs Wesenreihen, über denen Gott als der Schöpfer steht. Diese sechs Wesenklassen nennt er Itje (Wesen) und da nun der Singular Itja das Wesen, τὸ ὄν auch Gott bezeichnen kann, so wird es deutlich, welch frostiges Spiel mit Worten Ephraem treibt, wenn er ihn, den Sänger von hundert und fünfzig Liedern, als das teuflische Widerspiel Davids darstellt und dann fort-

---

giebt. Die eine hat 4, die andere 5 Glieder. Die vier Zeichen für die Hunderte ebenso behandelt, ergeben auch eine solche Reihe. Das Ganze gestaltet sich so:

Richtiges	Alphabet	א1,	ב2,	ג3,	ד4;	ה5,	ו6,	ז7,	ח8,	ט9
künstliches		ס60,	ע70,	פ80,	ץ90;	ק100,	ר200,	ש300,	ת400,	ן50

Die 1sten neun.

61,	72,	83,	94;	105,	206,	307,	408,	59
7,	9,	11,	13;	6,	8,	10,	12,	14

Richtiges	Alphabet	י10,	ך20,	ל30,	מ40;	ן50,	ס60,	ע70,	פ80,	ץ90
künstliches		ו6,	ז7,	ח8,	ט9;	א1,	ב2,	ג3,	ד4,	ה5

Die 2ten neun.

16,	27,	38,	49;	51,	62,	73,	84,	95
7,	9,	11,	13;	6,	8,	10,	12,	14

Die hunderte richtig ק100, ר200, ש300, ת400

künstl. י10, כ20, ל30, מ40

110,	220,	330,	440
2,	4,	6,	8.

Man sieht, die Summenziffern 61 u. s. w. der ersten Neun sind bei den zweiten Neun umgestellt 16 u. s. w., und bei der Umstellung immer die Null als nicht vorhanden betrachtet. Das ganze Alphabet konnte demnach nur da so arrangiert werden, wo man das indisch-arabische Ziffersystem mit der Null hatte, die semitischen Buchstabensysteme wären nie im Stande gewesen den Werth ס und י parallel zu stellen, wohl aber das unsrige 61 und 16. Im zweiten christlichen Jahrhundert hat aber Syrien dies System noch nicht gekannt, ein hierauf gebautes Alphabet muss demnach später, das unsrige also unecht sein; die Handschrift vom J. 1352 kann die Echtheit nicht verbürgen, denn sie giebt ihre Quelle nicht an. Wäre das Alphabet echt, so hätten wir hier die erste Spur vom Gebrauche unseres Ziffersystems. Uebrigens war Bardesanes für solche Spielerei wohl zu vernünftig.

fährt: David nannte nicht Wesen, was jener so nennt, da
es nur ein Wesen giebt. Der Name Wesen vernichtet daher
die Namen der Wesen, die es doch nicht giebt, deren Naturen gleich sein müssten, wenn ihre Namen gleich sind.
Hierdurch und hiermit, ihr Brüder, wird die Lehre jener
schuldvoll. Beachtet aber, wie er sich davor hütet, die
Naturen seiner sogenannten Wesen gleichartig werden zu
lassen, damit es klar werde, wie verwegen er ist, ihnen
gleiche Namen beizulegen. In beiden liegt eine Gefahr für
die Seite der Vernünftler (ܩܛܘ̈ܪܐ); denn wie sich's nicht
ziemt, die Naturen für gleich zu erklären, so auch nicht die
Namen. Der Irrthum ist es, der seinen Verkündigern nicht
Raum giebt zu prüfen und zu sehen, dass wenn verkündigt
wird, der Name der Wesen sei der gleiche, hierdurch und
hiermit (sich ergiebt, dass) die Natur für sie alle die gleiche
ist. Hieraus und hiermit (folgt dann) weiter, dass es, wenn
die Natur des Unbedingten eine einzige ist [1]), auch nur ein
einziges Wesen giebt, das jener mit den allen bezeichnet,
nach Namen und Natur. Denn, meine Brüder, alle Geschöpfe sind Creatur und während der Name gleich ist, sind ihre
Naturen nach dem Willen des Schöpfers verschieden. Wer
nun Wesen, die nicht auf Veranlassung des Schöpfers sind [2]),

---

1) Ich übersetze als ob stünde: ܘܗ ܐܝܬܘܬܐ ܕܟܠܗܘܢ ܗܘ
ܐܢ ܕܝܢ ܗܘ ܚܕ ܛܒܥܐ
ܗܘ ܟܝܢܐ ܠܐ ܕܝ
ܟܠ ܕܝܢ ܗܘ ܡܕܡ? ܐܝܬܘܗܝ

Das ܐܢ fehlt im Texte, wo nur ܚܕ ܗܘ steht. Schiebt man dies ܐܢ
nicht ein, so fällt der letzte Vers aus dem Zusammenhange, und wollte
man die zwei letzten Zeilen zusammennehmen: „Was unbedingt ist, das
allein ist Wesen“, so würde dem ܛܒܥܐ die Relativbestimmung fehlen,
deren es nicht entbehren kann.

2) ܐܝܬܐ ܒܝܠܬܗ ܠܗܘܢ

ܕܟܠܬܐ ܩܪܘܒܐ wörtlich: Wesen, die die Ursache des
Schöpfers nicht haben.

trennt und für gleich erklärt, der trennt ihre Naturen und
macht ihre Namen gleich. Hymn. 53. p. 553. Vgl. auch
p. 555 D. So wie sich Ephraem hiermit gegen eine Lehre
wendet, die er entweder nicht verstanden hat, oder nicht
verstehen wollte, so kann er seinem Gegner auch in Betreff
der Materie nichts anhaben, wiewohl er schreibt: Seht dass
es mit allen Irrenden dasselbe ist, die von den Hellenen den
schändlichen Namen der formlosen Materie entlehnt haben.
Marcion beschreibt sie dem Schöpfer feindlich, auch Bardesanes nennt sie bei dem Werk des Schöpfers [1]), und der
babylonische Mani in seinem Unverstand schreibt, dass sie
gebunden ist. Hymn. 14. p. 468 D. Weder unser Dialog
noch der des Adamantius gewähren uns Anhalt, um die
Materie in das System des Bardesanes zu bringen, und hiernach ist Hahn's Darstellung p. 58 zu berichtigen.

Dass nun weiter diese Wesen in einem Pleroma verei-
nigt bei Gott geweilt hätten, wie dies Hahn nach der Analogie des Valentinischen Systems annimmt, ist ganz undenkbar, da diese Itje eben die Welt und nicht das Pleroma
ausmachen, ja sogar vor der Anordnung der jetzigen Welt
sich in ihrer Selbständigkeit frei entgegenstanden und be-
kämpften. Bardesanes hat vielmehr eine Reihe von mindestens drei Welten, die sich nur durch die Stellung der Itje
zu einander unterscheiden, und diese Stellung selbst ist durch
den göttlichen Willen bestimmt. Die erste Welt ist die
chaotische, die zweite der gegenwärtige Kosmos, der sechstausend Jahre besteht, die letzte das Reich des Friedens.

Wenn wir sonach nicht annehmen können, dass diese
Wesen das Pleroma erfüllten, so lauten doch Ephraems Angaben Hymn. 55 zu bestimmt, und sind überdiess ausdrück-

---

1) ܟܣܘܬܗ ܐܦ ܟ݂ܪܝܣ
ܟܪܘܟܗ ܕ݂ܢܒܘܐ̱

ܩܪܒ ist doppelsinnig, negotium und familia, daher kann es heissen,
B. rechnet die Hyle in die Familie des Schöpfers. Vgl. p. 59.

lich mit Citaten aus bardesaneischen Liedern belegt, als dass
wir bezweifeln dürften, unser Gnostiker habe seinen Gott
nicht mit niedrigern geistigen Wesen umgeben. Schon die
zwei Zeilen eines bardesaneischen Gesanges:

> Euch, meinen Herren, Preis
> Der göttlichen Versammlung [1],

zwingen, die ephraeinischen Berichte mit der Darstellung des
Dialogs über das Schicksal auszugleichen. Diesen Berichten
nach ging Etwas von dem Vater des Lebens, so nannte
Bardesanes seinen Gott, aus und stieg hinab, und die Mutter empfing und gebar den verborgnen Sohn, der dann
der Sohn des Lebens hiess. Denn es schien dem Gnostiker unmöglich, dass Einer allein keime, fruchtbar werde
und den Herrn zeuge, er nennt ihn eine Natur, die von
zweien geboren ist durch das Mysterium der Vereinigung.
Wer aber, fährt Ephraem fort, möchte sich nicht die Ohren
verstopfen, um nicht zu hören, wie sie sagen, dass der
heilige Geist (רוחא ist feminin) zwei Töchter geboren hat,
der nach ihrer Rede in seiner Liebe zu diesen Töchtern
sprach:

> Die Tochter, die dir folgt, (d. i. später, als du geboren wird)
> Sei Tochter mir, dir Schwester [2].

Die eine Tochter heisst das Trockne, die andre das Wasser [3].
Der Ursprung der letzteren Lehre ist ohne Weiteres klar, sie

---

1) ܡܘܒܕܢ ܠܟܘܢ ܩܝܢܐ ܚܒ
   ܟܢܫܐ ܕܐܠܗܘ

2) ܟܠ ܕܒܬܪܟ ܐܬܝܠܕ ܠ
   ܠܟ ܒܪܬ ܘܠܝ ܚܬ

3) Ich nehme an, dass ܒܗܬܬܐ ܕܝܒܫܐ, eigentlich Schaam des
Trocknen, nicht Name der Tochter ist, und ebenso mit ܝܘܠܕܐ ܕܡܝܐ,
wörtlich Gebilde des Wassers; ich halte ܒܗܬܬܐ wie ܝܘܠܕܐ für Aus-
drücke Ephraems, mit denen er seinen Abscheu gegen die Ketzerei der
Lehre, dass Trocknes und Flüssiges Töchter des Geistes sind, zu er-

stammt aus Genes. 1, 2, wo der Geist Gottes über der Tiefe
brütet. Durch Scheidung des Tehôm, das sich Bardesanes wohl
als eine schlammige Masse vorstellte, ähnlich so wie San-
choniathon von der Gährung einer schlammigen Mischung
($\dot{v}\lambda\dot{\omega}\delta ov\varsigma$ $\mu\dot{t}\xi\varepsilon\omega\varsigma$ $\sigma\tilde{\eta}\psi\iota\varsigma$) redet, entstand das Feste und Feuchte
oder Wasser und Erde, also zwei von den Elementen, die
wir oben als die vierte Gattung der weltbildenden Itje kennen gelernt haben. Die beiden andern, Luft und Feuer wird
er, wenn wir einer Vermuthung Raum geben dürfen, ähnlich vielleicht vom Sohne des Lebens ausgehend gedacht
haben.

Die andere Lehre, dass vom Vater des Lebens mit der
Mutter der verborgne Sohn erzeugt wird, erklärt sich aus
dem Kanon der Syzygien, der in den clementinischen Homilien seine Rolle spielt Hom. 2, 16 [1]). Die Genossin des Vaters ist die Mutter, das Hervorgebrachte der Sohn, leider
fehlt hier die quellenmässige Bestätigung, doch glauben wir
nicht zu irren, wenn wir den weiblich gedachten Geist für
die Genossin des Sohns erklären und von diesen beiden die
vier Elemente, sowie die andern Wesenklassen ausgegangen
ansehen. Diese Wesenklassen standen sich feindlich gegenüber, bis Gott ihre Freiheit durch die Mischung des jetzigen

---

kennen geben will. Dann wäre 𝜆𝑖𝑜𝑔 etwa Phantasiegebilde. Anders
Hahn p. 65.

1) Ὡς ὁ θεὸς ἐν ἀρχῇ εἷς ὤν, ὥσπερ δεξιὰ καὶ ἀριστερὰ
πρῶτον ἐποίησε τὸν οὐρανὸν, εἶτα τὴν γῆν, καὶ οὕτως κατὰ τὸ ἑξῆς
πάσας τὰς συζυγίας συνεστήσατο. Hiermit trifft im Ausdruck Bardesanes
Bericht über die Bildsäule der Inder aus Porphyrius bei Stobaeus Ecl.
phys. ed. Heeren I. p. 140 wunderbar zusammen, von dem Hahn wohl
mit Recht meint, Bard. habe seine Anschauungen hineingelegt. Vgl.
Ἔλεγον σπήλαιον εἶναι αὐτόματον ... ἐν ᾧ σπηλαίῳ ἐστὶν ἀνδριὰς ...
ἔχων τὰς χεῖρας ἡπλωμένας ἐν τύπῳ σταυροῦ. Καὶ τὸ μὲν δεξιὸν
τῆς ὄψεως αὐτοῦ ἐστιν ἀνδρικὸν, τὸ δ' εὐώνυμον θηλυ-
κόν. Ist dies bardesaneisch, so würde sich in Hom. 2, 16 das δεξιὰ
und ἀριστερὰ als männlich und weiblich erklären, also schon in Gott
eine Syzygie sein, wodurch das ἐν ἀρχῇ εἷς ὤν erst den rechten Bezug
erhält.

Kosmos beschränkte und so haben wir das Tohu wabohu der Genesis, in welches durch verschiedene Scheidungen (הבדיל) die gesetzliche Ordnung gebracht wurde Gen. 1, 4, 7, 9. Vater, Mutter, Sohn und Geist bildeten die göttliche Versammlung, wobei jedoch Vater und Mutter nur als innere Differenzierung anzusehen sind, Sohn und Geist brachten die Welt hervor, wie sich dies unserm Gnostiker ergeben mochte aus Joh. 1, 2, vgl. Col. 1, 16: Dieser war im Anfang bei Gott, Alles ward durch ihn, und ohne ihn ward nichts, was ward, aus Sprüche Salom. 8, 22 f.: Als er den Himmel gründete war ich da, als er über die Tiefe den Kreis setzte, aus Weish. Sal. 9, 9: 'Mit dir war die Weisheit, die deine Werke kannte, die zugegen war, als du die Welt bereitetest, und aus Henoch 42, 1: Die Weisheit fand keine Stätte in dem Weltkreis, und es war ihre Wohnung im Himmel. Biblische Grundlagen müssen wir für Bardesanes annehmen, der nach allen Angaben die ganze Bibel, selbst Apocryphen benutzte. Der Logos des Johanneischen Evangeliums wird ihm der Sohn, die Weisheit der übrigen Stellen der weibliche Geist sein.

Die Vereinigung von Ephraems Angaben mit dem Dialog ist sonach diese: Der Vater mit seiner Genossin bringt den Sohn hervor und dieser mit seiner Genossin die vier Elemente, alle aber bleiben dem göttlichen Willen unterthan; über die Art wie die Engel, Herrscher und Lenker entstanden sind, lassen uns die Quellen ohne Kunde, im Ganzen aber müssen wir Bardesanes Lehre von der Schöpfung für eine von den aufgezeichneten biblischen Anschauungen ausgehende, mit dem Philosophem der vier Elemente versetzte und mythisch ausgebildete Kosmopoeie erklären. Dass er oder seine Anhänger in ihre Darstellungen Mythen mischten, geht aus Ephraem's 55ster Hymn. hervor: ‎܀‎ ܗܘ ‎ܡܩܒܠܬܐ (‎ܡܣ ‎ܖܘܢܝ‎) ‎ܖܠܐܝܬ ‎ܖܡܖܠ ‎ܗܘܐ ‎ܒܩܢܗ‎, d. i. eine Schmach ist's, dass er erzählt wie ihre (des Geistes) Schwangerschaft war, und wird bestätigt durch zwei Bruchstücke bardesaneischer Lieder, in deren erstem der Geist angeredet wird:

5 *

..... Wann wieder
Schaun wir dein Gastmal,
Sehn wir das Mägdlein,
Die Tochter, die auf dein Knie
Du setzest und herzest?

und in deren anderm der Geist sagt:

Mein Gott und Haupt,
Was lässt du mich allein?

Das Pleroma des Bardesanes hat daher nur die zwei Syzygien, Vater des Lebens und Mutter, verborgner
Sohn oder Sohn des Lebens und Geist. In ihre Gesell-
schaft kommt dann auch die auferstandene Seele, wie wir
bei der Beschreibung des Paradises sehen werden. Soviel
liesse sich etwa über die bardesaneische Schöpfungslehre
bestimmen.

Was nun insbesondere die Natur und die Entstehung
des Menschen betrifft, so ist Bardesanes Anhänger der Trichotomie, wie p. 10 des Dialogs auseinandergesetzt wird. Der
Geist kommt von oben und tritt in die Seele ein, diese vom
Geist gleichsam bewohnt, nimmt sich den Körper zum Vehi-
kel. Der erste Mensch ist nach dem Ebenbilde Gottes geschaffen, und zwar wie dies nach der eben erörterten Mit-
wirkung des Sohnes und Geistes bei der Schöpfung begreiflich ist, vom Vater und dem Logos. Dass der Vater ihn
nicht allein geschaffen hat, begründet Marinus aus dem $\pi o \iota \acute{\eta}$-
$\sigma \omega \mu \epsilon \nu$ ܠܟ Gen. 1, 26. Auf den so zusammengesetzten
Menschen wirken nun zwei Mächte, die Naturbestimmtheit
bedingt die körperlichen Thätigkeiten, Leben, Sterben, Geboren werden und wieder gebären u. s. w., das Schicksal
stellt ihn in gewisse günstige oder ungünstige Verbindungen,
macht ihn arm, reich, stark, schwach, gesund und krank,
die Naturbestimmtheit trifft alle gleichmässig, das Schicksal
Andere anders. Der Geist aber ist frei in seiner Willensentscheidung, doch wie die seelische Thätigkeit durch den
Körper bedingt ist, so ist auch der Geist durch die vom
Schicksal ausgehenden Affectionen der Seele und durch die

Naturbestimmtheit des Körpers in seiner Thätigkeit gehemmt, also nicht materiell, soudern nur formell frei. So nennt auch Marinus in Adam. dial. p. 323 den Leib den Kerker des Geistes.

Bei dieser formellen Freiheit ist der Mensch dem Willen Gottes unterthan und hierauf beruht Bardesanes Ethik. Das bindende Princip ist ihm der göttliche Wille, der unter allen Umständen erfüllt werden muss; was Gott will, ist gut, was er nicht will, schlecht. Wie sich Bardesanes die Mittheilung des göttlichen Willens dachte, lehren die Quellen nicht, die zwei Maximen, die unser Handeln leiten sollen, stellt er unabgeleitet auf, und zwar sind beide rein subjective Bestimmungen, insofern Lust und Unlust, die durch Handeln und Leiden erregt werden, zum Masse des Guten und Schlechten gemacht werden. Die erste Maxime lautet: Thue nicht Andern, was du nicht wünschst, dass andre dir thun, die zweite: Thue Andern, was du wünscht, dass sie dir thun. Diese rein äusserlichen, practischen Regeln muss Bardesanes als Ausfluss des göttlichen Willens angesehen haben. Während er nun hier auf der Oberfläche bleibt und es nicht zu einer das Wesen der Sache fassenden Unterscheidung von Gut und Böse bringt, zeigt er auf der andern Seite wieder richtigen psychologischen Blick, wenn er erklärt, es sei leichter Gutes zu thun, als Böses zu meiden, doch tritt der Mangel einer eingehenden Begriffsbestimmung von Gut und Böse auch hier wieder hervor. Er behauptet nämlich, das Gute zu thun errege Lust, das Böse dagegen Unlust, und macht so wie oben des Menschen subjectives Behagen zur Triebfeder für seine Handlung. Die Ursache der Haltlosigkeit seiner so mechanischen Ethik liegt in der mangelhaften Bestimmung des Guten als desjenigen, was Gott will; hätte er sich die Frage vorgelegt, ob nicht Gott das Gute darum gerade wolle, weil es seinem Wesen gemäss sei, und hätte er in Folge dessen den inneren Bezug zwischen dem Guten und dem Göttlichen Wesen entdeckt, so würde er nicht zugleich Triebfeder und Mass des Guten in die Affecte der

Lust und Unlust gesetzt haben, die zuletzt doch auf Nutzen und Schaden hinaus kommen. Immerhin aber wird seine Lehre, die das sittliche Handeln auf zwei Maximen, deren eine gebietet, deren andere verbietet, zurückzuführen strebt, als erster Versuch einer systematischen Ethik innerhalb des Christenthums bezeichnet werden müssen.

Der gleichen Freiheit wie die Menschen geniessen nur noch die Engel, von denen ein Theil durch seine Neigung zu den Erdentöchtern gefallen ist, ein Ereigniss worüber Bardesanes den im Buche Henoch mitgetheilten ähnliche Vorstellungen gehabt haben wird, hierauf führt wenigstens sein Ausdruck, die Engel seien von ihren Standörtern gefallen. Die übrigen Itje, Herrscher, Lenker und Elemente haben dagegen eine beschränktere Freiheit, sie müssen zunächst ihre Aufgabe erfüllen, die Sonne muss kreisen, der Mond ab- und zunehmen, aber in dem, worin sie frei sind, werden sie auch gerichtet werden.

Von dem Falle der Engel durch ihr Vergehen mit den Menschentöchtern, ist der Fall des Satan zu unterscheiden, die Menschen, die sich diesem anschliessen, stehen unter seiner Gewalt und bilden gleichsam sein Reich, sie sind nicht zum Guten geschaffen und werden Unkraut ($\zeta\iota\zeta\acute{\alpha}\nu\iota\alpha$) genannt. Einen Fall des Satan nahmen die Bardesanisten an auf Grund der Stelle Luc. 10, 18: Ich sah den Satan fallen wie einen Blitz vom Himmel; die Frage nach der Ewigkeit desselben ist jedoch in der Darstellung des Adamant. (dial. de rect. in deum fide) sicherlich schief behandelt Hiernach müsste es scheinen, dass Bardesanes die Wurzel des Bösen und die des Guten als gleich ewig darstelle, dem widerspricht aber die eben angezogene Stelle über den Fall des Satan. Da ausserdem Bardesanes die Quelle des Bösen in der Freiheit findet, und sonach auch den Fall des Satan aus der Freiheit ableiten konnte, wie er es mit dem Falle der andern Engel macht, so hat es keinen Sinn, dass der orthodoxe Adamantius dem Bardesanisten Marinus auseinandersetzt, der Teufel sei frei, und dass dieser gar dem

Adamantius einwirft, das Freie sei von selbst entstanden
und unerzeugt [1]). Diese ganze Stelle des adamantischen
Dialogs widerspricht dem System, das in dem bardesaneischen Dialog waltet, vollständig; Bardesanes lehrt p. 4, der
Mensch und die Engel seien frei, leitet den Fall der Söhne
Gottes hieraus ab, der Bardesanist Marinus fragt dagegen:
Du hältst den Teufel für frei und den Menschen? Und der
orthodoxe Adamantius antwortet: Ich sage, dass Engel und
Menschen von Gott frei geschaffen sind. Was hier Adamantius lehrt, ist ja recht eigentlich die Kernlehre des bardesaneischen Dialogs, und man kann somit der Darstellung in
dem Dialoge des Adamantius in dieser Frage nicht glauben.
In der That sieht die Auseinandersetzung des Adamantius
bardesaneischer aus, als die der Bardesanisten.

Als letzte Classe der Wesen nennt Bardesanes die Thiere
und bedingt die Pflanzen, in ihnen giebt es keine Freiheit
mehr, sondern sie unterliegen der Naturbestimmtheit, wie
die Körperlichkeit des Menschen. Er muss sich diese Wesen
mit einer Seele begabt gedacht haben, und da die Seele,
d. h. der von der unmittelbaren Naturbestimmtheit freie, höhere und empfindende Theil des Menschen den Einwirkungen des Schicksals unterliegt, so wird er die Einwirkung
desselben auch auf die Thiere ausgedehnt haben.

Dem Schicksal nämlich schreibt Bardesanes einen bedeutenden Einfluss auf das Leben zu, dabei stellt er sich aber
in bewussten Gegensatz gegen die Vertheidiger des astrologischen Schicksals. Diese behaupten, das Schicksal bestimme
die Handlungen, was Bardesanes durch den Nachweis der
empirischen Freiheit widerlegt, um dagegen aufzustellen, dass
das Schicksal dasjenige bestimmt, was die Menschen erleiden. Die Ungleichheit in der Vertheilung der Glücksgüter
ist jederzeit Gegenstand des Nachdenkens gewesen, und da
das Unglück mit dem Uebel leicht identificiert wird, so musste

---

1) Adam. dial. p. 329. Μαρῖνος· Αὐτεξούσιός ἐστι κατὰ σὲ ὁ
διάβολος· Τὸ δ᾽ αὐτεξούσιον καὶ αὐτοφυὲς καὶ αὐτογένητον.

Bardesanes, der keiner Materie und keinem Teufel das Uebel zuschreiben kann, auf eine Erklärung desselben sinnen, ohne Gott zu seinem Urheber zu machen. Hier liegt es nahe, das Uebel als Strafleiden anzusehen, dennoch genügt dies nicht, denn manche Strafe erscheint zu gering; oder das Uebel lässt sich als Erziehungsmittel ansehen, hier aber könnte der Fall eintreten, dass Gott mit seinem Zuchtmittel den Zweck nicht erreicht und somit ohnmächtig erscheint, was gegen die bardesaneische Anschauung von der Allmacht verstösst. Dass solche Reflexionen Bardesanes Zeit nicht fern lagen, zeigen auch Clemens Recognitionen, wo es lib. IX. p. 142 [1]) heisst: Eorum, qui proposito exercent malitiam, ita ut interdum et in eos saeviant, a quibus bona consecuti sunt, et nullam recordationem capiunt ad poenitentiam, differt poenas in futurum, non enim merentur illi in praesenti vita scelerum suorum finire vindictam. Sed permittitur eis praesens tempus implere ut volunt, quia emendatio eorum non est jam talis, quae temporalibus indigeat castigationibus, sed quae aeterni ignis in inferno exigeat poenas, quorum animae ibi poenitentiam quaerent, ubi invenire non poterunt. Wenn nun Bardesanes, durch solche und ähnliche Gedanken bewogen, das Uebel nicht von Gott ableiten wollte, so war er gezwungen eine Mittelursache einzuschieben, die das Uebel, welches Gott zulässt, actuell in die Welt bringt. Diese Mittelursache findet er in der den Herrschern und Lenkern von Gott geschenkten Freiheit, und eben diese freie Einwirkung der Herrscher und Lenker ist dasjenige, welches Bardesanes Schicksal nennt. Sein Schicksal unterscheidet sich daher von dem astrologischen so, dass dieses auf die Handlungen bestimmend einwirkt und die Freiheit negiert, wogegen das des Bardesanes nur auf Zustände und Leiden des Menschen wirkt, ohne der freien Willensentscheidung Eintrag zu thun. Das astrologische Schicksal hebt, in dem

---

1) Ich citiere sie nach der Baseler Ausgabe von 1526, die bei Joh. Bebelius erschienen ist.

es das Böse, den Sternen, die nicht lügen, zuschreibt, das
Wesen der Sünde und die Verantwortlichkeit auf, Bardesanes
erklärt die Sünde für die eigne freie That des Menschen,
die dem Gerichte unterliegt, und stellt das Uebel als eine
ungünstige Einwirkung partiell freier Wesen, der Herrscher
und der Lenker, auf das menschliche Geschick dar, hält
dabei aber auch zugleich fest, dass die Herrscher und Lenker selbst dem Gerichte unterworfen sind. Auch hier trägt
der orthodoxe Adamantius dem Bardesanisten wieder eine
der bardesaneischen sehr ähnliche Lehre vor, wenn er sagt:
ʼΑγαϑόν φημι κατ᾽ οὐσίαν εἶναι, τὸ δὲ κακὸν ἐπισυμβαῖ-
νόν ἐστιν· τὸ ἀγαϑὸν ἀσώματον, τὸ δὲ κακὸν αἰσϑητόν,
also der ψυχή, die unter den Lenkern steht, zugehörig. Τῷ
οὖν ἀγαϑῷ οὐκ ἐπισυμβαίνει τὸ κακόν, ἀλλὰ τῷ κατὰ ϑέσιν
ἀγαϑῷ διὰ τὸ αὐτεξούσιον. Die ϑέσις und das bedingt Gute
steht dem κατὰ φύσιν Guten entgegen. Das erstere hat der
Mensch, und das κατὰ ϑέσιν ἀγαϑὸν wird vom Uebel ἐκ τῆς
αὐτεξουσιότητος getroffen. Frei sind nun dem Adamantius
Mensch und Teufel, die Sünde ist daher That des Menschen,
das böse Werk des Teufels. Des Bardesanes siderische Einwirkungen sind hier dem Teufel zugewiesen. Man erkennt
dass der Bardesanist Marinus seines Meisters Lehre schief
darstellen muss, um verbessert zu werden, die Verbesserun-
gen selbst aber stammen vielfach aus Bardesanes eignem
System.

Dieser nun betrachtete, wie oben bemerkt, die Gestirne
als belebte und freie Wesen, ihnen schrieb er daher einen
Einfluss schon bei der Entstehung des Menschen zu, und
zwar dachte er, dass die Geister bei ihrem Eintritt in die
Seelen, und diese bei ihrem Eintritt in die Körper eine Veränderung erleiden und beschränkt werden. Diese Veränderung schrieb er den Herrschern und Lenkern zu, deren Einwirkung er dann Schicksal nennt. Aus der Reihenfolge des
Eintritts erklärt sich's dann, dass die Körper nicht unter
dem Schicksal stehen, und alle ihre Thätigkeiten gleichmässig nach dem Naturgesetz ausführen, während die gei-

stigen und seelischen immer verschieden sind. Wenn nun so die geistige Begabung vom Schicksal für jeden einzelnen bestimmt wird, so bestimmen die Einwirkungen der Herrscher und Lenker auch, welcher Leib jeder geistbewohnten Seele zukommt, d. i. Gesundheit und Stärke, Krankheit und Schwäche und weiter die Verbindungen der Menschen untereinander, Hass und Freundschaft, dann auch Reichthum und Armuth, so wie alle atmosphaerischen und tellurischen Verhältnisse, die ihrerseits wieder weiter wirken, kurz alle Dinge, die zu erlangen oder zu vermeiden, nicht in der Gewalt des menschlichen Willens liegt. Auf die Freiheit der Entscheidung für oder gegen das sittliche Gesetz hat das Schicksal aber gar keinen Einfluss und Bardesanes erklärt so das Uebel durch eine frei wirkende Mittelursache, die bei gleichmässigem Ausschliessen des Zufalls und der Praedestination, doch nur so weit wirken kann, als es Gottes Wille gestattet, der daher die Weltregierung immer in der Gewalt behält. Wie Bardesanes die Herrscher und Lenker unterschied, giebt der Dialog nicht an, da er aber im Ganzen beide als siderische Potenzen fasst, so scheint es nicht unwahrscheinlich, dass er nach Gen. 1, 16 die beiden grossen Gestirne, Sonne und Mond Herrscher, die fünf Planeten aber Lenker nannte. Hierfür spricht der Name der Herrscher ܫ̈ܠܝܛܐ im Vergleich mit der Peschittha Gen. 1, 16, wo die Sonne ܠܫܘܠܛܢܐ ܕܐܝܡܡܐ und der Mond zum ܫܘܠܛܢܐ ܕܠܠܝܐ geschaffen wird. Das Verbum ܫܠܛ giebt für beide Beziehungen die Wurzel ab. Ihre Einwirkung besitzen die Sterne aber nicht, sofern sie ihre gesetzmässige Bahn laufen, sondern sofern sie Freiheit haben und intelligible Wesen sind, es ist daher unmöglich, aus ihren Constellationen das zukünftige Geschick eines Menschen kennen zu lernen, wie Bardesanes ausdrücklich selbst sagt, dass er die Kunst der Astrologen früher geliebt, später aber überwunden habe.

Die eben gegebne Darstellung bestätigt auch Ephraem

Hymn. 6. p. 452 F.: Bardesanes ist scharfsinnig, der das
(astrologische) Schicksal durch ein höheres widerlegt, das in
Freiheit wandelt, (doch bei ihm) schlägt der Zwang der unteren Stufen die höheren, ihr Schatten schlägt ihren Leib;
die Berechnung, die er für die unteren aufstellt, macht die
schlechthinnige Freiheit der oberen lahm. Dann widerlegt er
Hymn. 8. p. 457 F. den Einfluss der Sterne auf Reichthum und
Körperlichkeit: Das Schicksal verändert die Leiber in allen
Farben! Wie kommt es, dass es die Schwarzen in Indien
nicht ändert und die Weissen in Medien nicht schwärzt?
ib. C.

Den dogmatischen Grund des bardesaneischen Schicksals
berührt er aber nur kurz Hymn. 9. p. 458 C., indem er die
Freiheit und Intelligenz der Gestirne bestreitet: Ist der Mund
des Sternes, der der beredte heisst, etwa beredt? Nothwendigkeit treibt sein Wort und seinen Einfluss (ܡܒ̈ܘܥܐ Emanation). Der über alle Bewegungen herrscht, der wird durch
Schwäche widerlegt. Und wenn der Stern todt ist, so ist er
überflüssig und ohne Bewegung, da doch Todte nicht Todte
erwecken und Stumme nicht das Wort in unseren Verstand
säen können u. s. w.

Eine Zusammenfassung der Hauptirrlehren giebt er Hymn.
53. p. 553 F.: „Die Liebe verlangt, meine Brüder, dass ihr
eine Wiederholung ihrer Worte erlaubt, dass es sich ein-
schränkende [1]) Itje giebt, Sterne und Thierzeichen, einen
Leib von dem Bösen ohne Auferstehung, eine Seele von den
Sieben, und die übrige Lehre des Bardesanes, die wir nicht
lang aufzählen wollen." Doch ist diese Darstellung nicht
ganz genau, dass die Seele von den Sieben Herrschern und
Lenkern gemacht sei, lehrt Bardesanes nicht, er lässt sie
nur Einfluss auf dieselbe bei ihrem Eintritt in den Körper
ausüben, ebenso wenig lässt er den Körper aus der bösen

---

1) So verstehe ich nach dem Dialoge die Worte ܐ̈ܬܝ ܡܟܣܢ̈ܐ,
eigentlich hindernde Itje. Die Schöpfung der Seelen durch Itje schreibt
Ephr. dem Bard. auch Hymn. 54. p. 555 E. zu.

Materie entstehen. Aehnlich ungenau ist Ephraems Ausdruck Hymn. 3. p. 444 A.: In Bardesanes entzündete sich der Irrthum der Hellenen, der da lehrte, dass von (aus) Itje, was hier Elemente [1]) bezeichnen kann, das All geschaffen, das All errichtet worden ist. Der Gnostiker hält den einen Schöpfer überall fest und seine Itje thun dasselbe, was in den angeführten biblischen Stellen die Weisheit und der Logos thun, sie sind Weltbildner, nicht Weltschöpfer, ja an dieser Stelle, wo unter Itje die Elemente verstanden werden können, ist sogar der Ausdruck noch doppelsinnig, denn es kann auch heissen, Bardesanes lehrte, die Welt sei aus Elementen bereitet.

Lückenhaft ist Alles, was wir bisher von Bardesanes Lehre entwickelt haben, am ungenügendsten ist aber dasjenige, welches wir von seiner Christologie wissen. Im Dialog erscheint der Messias nur als neuer Gesetzgeber und Lehrer, doch liegt dies im Zusammenhange, da er in jener Stelle die Machtlosigkeit der Landesgesetze und die der Sterne über die Willensfreiheit darthun will und so zuletzt die Christen nennt, die auf Grund der Lehren ihres Messias keines der diesem widersprechenden Gesetze achten. Wir sind nur auf Ephraem und Adamantius angewiesen, die wir aber schon als nicht ganz sichere Gewährsmänner kennen gelernt haben.

Aus ihrem Schweigen geht nun zunächst hervor, dass Bardesanes über die Ursache der Erscheinung Christi keine Irrlehre hatte, er wird bei seiner Anerkennung der Freiheit die Macht der Sünde verstanden, die Nothwendigkeit der Erlösung begriffen und diese als auf Gottes Rathschluss durch Christus vollzogen angesehen haben. Das Christenthum erschien ihm so durchaus gross und neu, dass er seine Herrlichkeit nur durch Schweigen ausdrücken zu können

---

1) Kurz vorher sagt Ephraem ܠܘܬ ܐܝܟ ܐܚܪܢܐ ܗܘ ܐܚܪܢܐ ܕܚܪܐ.

glaubt, und so war ihm Christus auch sicher im strengsten Gegensatz gegen Ebionitismus der Sohn des Lebens, vom Vater des Lebens und seiner Syzygos erzeugt, der, als die Zeit erfüllt war, um die Erlösung zu bewerkstelligen, auf der Erde erschien. Auch Marinus hält die Praeexistenz des Logos durchaus fest und nennt ihn ἄτρεπτος. Eingehendere Bestimmungen über das Erlösungswerk geben die Quellen und auch wohl Bardesanes selbst nicht, da seine Zeit noch an keine Satisfactionstheorie dachte, wahrscheinlich erscheint es, dass er wie die clementinischen Schriften den Hauptnachdruck nicht auf das Leiden und Sterben, sondern auf das Lehren legte, dass er mehr den Propheten und Meister, als den leidenden Erlöser hervorhob. Sein System, das der eigenmenschlichen Entscheidung so grosse Bedeutung beilegt, ist auch vollständig geeignet, eher auf practische Befolgung göttlicher, durch den Messias geoffenbarter, Gesetze zu achten, als eine gläubige Aneignung von Christi Verdienst besonders zu betonen.

Christus nahm nach Bardesanes einen himmlischen Leib an, doch nicht etwa weil der irdische Leib der bösen Materie zugehört, die unser Gnostiker nicht zulässt, sondern weil es, wie Marinus sagt, völlig undenkbar ist, dass dieser (aus Elementen zusammengesetzte) Leib sich an die unbefleckte Substanz anhefte. Adam. dial. p. 361. Als biblische Belegstelle gebraucht Marinus Joh. 1, 14 ὁ λόγος σὰρξ ἐγένετο, und auf den nicht gerade schlagenden Einwand, wenn die Stelle etwas beweisen solle, müsse es heissen ὁ λόγος σὰρξ ἦν, wiederholt er nur ὁ λόγος σὰρξ ἐγένετο οὐδὲν ἄλλοθεν προςλαβών. Um die Möglichkeit dieser himmlischen Fleischwerdung darzuthun, führt er dann 1 Cor. 15, 40 an, καὶ σώματα ἐπουράνια καὶ σώματα ἐπίγεια, wodurch er seinen Gegner so sehr in Verlegenheit bringt, dass dieser den Beweis verlangt, Fleisch, Knochen und Blut wären im Himmel, den Marinus mit kurzen Worten giebt, σῶμα καὶ σὰρξ τὸ αὐτό ἐστιν. Die Abweichung der Bardesanisten wird vom Kampfrichter Eutyphron scharf aufgefasst, nach welchem die

Orthodoxen behaupten, Christus habe wahrhaft den Menschen-
leib angenommen, wogegen Marinus ihn in einem himmlischen
denkt. Noch genauer giebt Philoxenus von Mabug bei Curet.
Spic. syr. Pref. p. VI die Lehre an: ܟܢܝܣܝ ܡܚܒ ܕܨܚ

ܣܐܒܘ ܗܘܠ ܠܟܦܐܝܓ ܘܡܨܠܘ, d. i. Bardesanes erklärte den
Leib des Herrn für vom Himmel (ἐπουράνιος). Philoxenus
sagt, Bardesanes habe nicht gelehrt, dass Gott den Logos
als Leib vom Himmel sandte (ܡܠܟܬܐܡ ܐܢ ܦܚܒ ܕܨܚ

ܘܟܦܐ). Diesen Leib hatte er nur zum Schein, δοκήσει,
doch ass er und trank, wie die Engel mit Abraham ein
Mahl hielten. Gegen diesen Doketismus wird der Einwand
gemacht, Christus sei selbst die Wahrheit, er könne daher
nicht täuschen, und sich selbst, ohne es zu sein, den Men-
schensohn nennen, zumal es ihm ja frei gestanden hätte,
auch ohne diesen täuschenden Leib zu erscheinen. Die menschliche Geburt Christi wird in der doketisch üblichen Weise mit
dem Hindurchgehen durch eine Rinne verglichen (ὥσπερ ὕδωρ
διὰ σωλῆνος) und die Formel lautet nicht ἐκ Μαρίας, sondern
διὰ Μαρίας. Der ganze Verkehr Christi mit den Menschen
glich dem der Engel mit Abraham, sein Leiden war Schein,
wogegen Adamantius behauptet, der Logos in ihm sei unem-
pfindlich, sein Leib aber den Schmerzen unterworfen gewesen. Die Auferstehung endlich war die Rückkehr des ganzen Christus in den Himmel, aus dem er gekommen war.
Dies letztere folgerte Marinus aus Joh. 3, 13 οὐδεὶς ἀναβέ-
βηκεν εἰς τὸν οὐρανὸν, εἰ μὴ ὁ ἐκ τοῦ οὐρανοῦ καταβὰς, ὁ
υἱὸς τοῦ ἀνθρώπου und aus Eph. 4, 10 ὁ καταβὰς αὐτός ἐστι
καὶ (ὁ) ἀναβάς. Nach Philoxenus bei Cureton a. a. O. lehrte
Bardesanes, Christus sei der Höchste selbst, er war also
bedingt Patripassianer, wahres Leiden nahm er jedoch nicht
an. Die Worte sind: ܛ ܘܡܨܘܪ ܦܘܠ ܠܠܐܙ? ܐܠܠ ܗܘܘܠ ܙܘܡܨܘ

ܗܠܟܡ ܟܕܢܝܣܝ ܟܠܠܚ ܗܘ ܗܟܝܡܒ? ܐܠܘܠܟܐ, d. i. wer von
dem Knaben, der von der Jungfrau geboren war, bekennt,

dass ihr Kind der Höchste war, der kommt mit Bardesanes
überein.

Mit dem Doketismus verband sich natürlich eine spiri-
tualistische Auffassung des Abendmahls, dies deutet auch
Adamantius an: *ποίας σαρκὸς, ἢ τίνος σώματος ἢ ποίου
αἵματος εἰκόνας διδοὺς, ἄρτον τε καὶ ποτήριον ἐνετέλλετο
τοῖς μαθηταῖς, διὰ τοῦτο τὴν ἀνάμνησιν αὐτοῦ ποιεῖσθαι;*
Dial. de recta p. 371.   Hier schliesst sich auch Ephraem an,
der Hymn. 42. p. 534 E. berichtet, die Haeretiker hätten Taufe
und Abendmahl gefeiert, seine weitere Polemik indessen,
wiewohl gegen Doketen gerichtet, bezieht sich insbesondere
auf Marcion, wie das Wort ܢܘܟܪܝܐ peregrinus, d. i. Marcions
ἀγαϑὸς ϑεός beweist. Hymn. 35. p. 519 B., Hymn. 36. p. 521 B.
Ebenso mag die Angabe Hymn. 47. p. 543 B. die Irrlehrer hätten in Mysterien Honig und Milch gebraucht, Wein und Brot
aber sinnbildlich verstanden, auf Valentin und Marcion gehn,
nicht aber auf Bardesanes, der als Hofmann sowohl, wie auch
nach seiner Ethik von jeder Askese fern gewesen sein muss.
Von jenen sagt auch Epiphanius Haer. 30, 16; 32, 3 sie hätten
in ihren Mysterien, Valentin Ungesäuertes und Wasser, Marcion
Wasser, also ungehörige Stoffe gebraucht; was Ephraem dagegen über ihre Abendmahlslehre angiebt, wird auch auf Bardesanes passen, doch sind dies nur die wenigen Worte:

ܠܚܡܐ ܐܦܐ ܒܐܪܙܐ ܡܩܪܒܝܢ
ܘܕܡܐ ܘܚܡܪܐ ܒܐܪܙܐ ܡܩܪܒܝܢ ܠܗܘܢ

d. i. das Schaubrot bringen sie im Mysterium dar, und das
Blut und den Wein opfern sie in sinnbildlicher Bedeutung.
Ueber die Taufe wissen wir nichts, ausser dass die Bardesanisten dieselbe feierten. Hymn. 42. p. 534 E. Beim Lebensende trennen sich nach Bardesanes die Seelen von den Leibern, diese verfallen der Verwesung, jene gehen nach dem
Gerichte, welches er sich wohl für alle am Schlusse der
sechstausendjährigen Weltperiode dachte, wenn sie bestehen,
in das Friedensreich ein mit neuen pneumatischen Leibern
bekleidet.   Wie sich Bardesanes den Zustand der Verdammten

dachte, lässt sich nicht feststellen, doch macht es sein Ausdruck: „Bei der Errichtung jener neuen Welt werden alle üblen Störungen ruhen, aller Abfall wird beendigt, alle Thoren überzeugt und alle Mängel ausgefüllt sein,“ sehr wahrscheinlich, dass er eine Art Apokatastasis annahm, und wie mildere Naturen aller Zeiten es vorgezogen haben, die ewige Verdammniss leugnete. Der andere Weg wenigstens, der ihm nach jenem Ausdruck offen bleibt, eine Vertilgung aller Bösen anzunehmen, passt weniger gut für seine Grundanschauung von der Allmacht Gottes, die sich doch eher darin zeigt, dass sie sich im Siege des Guten selbst verherrlicht, als dass sie das ihr Widerstrebende vertilgt, ohne es innerlich durch die Bekehrung überwinden zu können, so dass sie an diesem creatürlichen Eigenwillen thatsächlich immer ihre Schranke hat.

Dass Bardesanes die Auferstehung des Fleisches leugnet, ist theils mit seinem Systeme nach dem der physische Leib ein Kerker der Seele ist, eng verbunden, theils wird es von den Quellen ausdrücklich gesagt. Die Art und Weise wie Marinus seine Lehre gegen Adamantius vertheidigt, ist die einer scharfen Naturbeobachtung; er sagt, der Leib besteht aus der ewig wandelbaren Materie und fragt, welcher Moment dann nun den wirklich auferstehenden Leib gewähren sollte. Der etwa, in dem der Mensch von den Krankheiten hingeschwunden ist? Dieser Gedanke wird dann in's Einzelne verfolgt, und z. B. der Aderlass benutzt, um zu fragen, was aus diesem Blute würde u. s. w. Ferner hält er seinem Gegner die Verwesung und die neue Vermischung der Elemente unter einander vor, worauf dieser so weit geht anzunehmen, dass Gott nach Art der Scheidekünstler den dem Menschen zugehörigen Stoff wieder ausscheiden und ihm zuweisen werde. Zum Schluss beruft er sich auf Bibelstellen, wie Ps. 41, 2. Erlöse meine Seele (nicht meinen Leib) vom Tode, und auf den exegetischen Beweis hin, dass Seele für den ganzen Menschen gesagt wird, führt er 1 Cor. 15, 29 — 42 an, woraus er namentlich die Worte hervorhebt, ὁ δὲ θεὸς

δίδωσιν αὐτῷ σῶμα καθὼς ἠθέλησεν. Hier setzt er voraus,
dass wenn Gott etwas giebt, ein Empfänger da sein muss,
dieser Empfänger ist eben die augenblicklich körperlose Seele.
Auch Ephraem Hymn. 3. p. 438 C. berührt Bardesanes Zweifel gegen die Auferstehung des Fleisches: Wie neidisch ist
doch der Böse auf den Leib des Bardesanes! Mit seinem
Munde schneidet er seine Hoffnung ab, er entblösst das
Schwert seiner Zunge und leugnet seine Auferstehung. Bei
Epiphanius hat sich aber die Leugnung der Auferstehung des
Fleisches schon in eine Leugnung der Todtenauferstehung
überhaupt verwandelt, er redet Haer. 56, 2 blos von einer
νεκρῶν ἀνάστασις, nicht von einer *ἀνάστασις σαρκός.*

Der Aufenthaltsort der Seelen in dem neuen Leben ist
das Paradies als Ort der Wonne, das Bardesanes, obzwar
mit sinnlichen, doch mit frischen Farben geschildert hat.
Denn so sagt er:

> Du Urquell der Wonne,
> Dess Thor, wenn geboten
> Der Mutter sich öffnet;
>
> . . . .
>
> Das göttliche Wesen
> Gemessen und aufgestellt,
> Das Vater und Mutter
> In ihrer Verbindung befruchtet,
> Mit ihren Schritten bepflanzt!

Hier war die Stätte, wo der Vater und die Mutter, der Sohn
des Lebens, und der Geist weilten, zu denen er sprach:

> Euch meinen Herren Preis,
> Der göttlichen Versammlung!

Dieser Ort ist es auch, nach dem Bardesanes und seine Anhänger sich sehnten, wenn sie die aus dem Himmel herab-
gestiegenen Seelen verlangend fragen lassen:

> . . . . . Wann wieder
> Schaun wir dein Gastmahl,
> Sehn wir das Mägdlein,
> Die Tochter, die auf dein Knie
> Du setzest und herzest?

Bildliche Darstellungen liebte Bardesanes überhaupt, was Ephraem im 55. Hymn., dem wir die wenigen Fragmente der Lieder [1]) entnommen haben, leider nur kurz andeutet mit den Worten: Der Sonne verglich er den Vater, dem Monde verglich er die Mutter. Solche Vergleiche mögen denn auch die Veranlassung sein, dass in der spätern Dar-

---

[1]) Ich kann der von Hahn p. 74. not. 2 gegebnen Erklärung über das Paradies nicht beistimmen. Es heisst Hymn. 55. p. 558 C. Bardesanes erkenne zwar Moses an, widerspreche ihm aber durch Annahme eines andern Paradieses. Hier versteht nun Hahn ein zweites Paradies, doch ist dies nicht der Sinn der Worte:

ܡܟܠܬ݂ܐ ܕܟܘ݂ܗܪܐ	An den Ort der Schmach
ܘܣܡܗ ܠܦܪܕܝܣܐ	Setzt er das Paradies,
ܘܐܘܪܝܬܐ ܩܕܝܫܬܐ	Doch die reine Thora
ܟܐܚܕܐ ܐܟ ܡܚܙܝܬܐ	Widerlegt wie ein Spiegel
ܝܘܠܦܢܗܘܢ ܣܢܝܐ	Ihre hassenswerthe Lehre.
ܗܕܐ ܬܘܒ ܠܦܪܕܝܣܐ	Welter haast er das Paradies,
ܒܪܝܟܐ ܘܩܕܝܫܐ	Das gesegnete, das heilige
ܘܐܘܕܝ ܒܦܪܕܝܣܐ	Und bekennt ein Paradies,
ܐܚܪܢܐ ܕܟܘ݂ܗܪܐ	Ein anderes der Schmach.

Die letzten Worte ܟܦܪܕܝܣܐ ܐܚܪܢܐ ܕܟܘܗܪܐ, ein anderes Schandparadies zeigen, wie das vorangehende ܡܟܠܬ݂ܐ ܕܟܘ݂ܗܪܐ zu verstehen ist. Dies steht im Gegensatze zu ܥܕܢ, Eden, dem Lustort; wie der Garten in der Genesis ein Lustort ist, so ist der bardesaneische ein Schandort. Im Folgenden ist ܬܠܬ falsch und in ܬܪܝܢ secundus zu verbessern, dann lautet Ephraems Text so: In der Angelegenheit des Paradieses ist Moses sein Gegner, denn dieser hat solches nicht geschrieben. In Eden, steht geschrieben, pflanzte der Herr das Paradies. Moses verkündigte das eine, Bardesanes aber führte ein zweites = ein andres ein, welches die Götter massen und aufstellten an einem Orte, den zu nennen ich mich scheue, wiewohl ich mich seines Namens erinnere. — Das ܬܪܝܢ ist dem ܐܚܪܢܐ völlig gleich in der Bedeutung.

stellung seines Systems bei Schahrastàni [1]) die ganze Lehre des Bardesanes, der durch Annahme einer stufenweisen, vom Höhern zum Niedrigern herabsteigenden Schöpfung eben den Dualismus überwunden und dem Bösen seine Quelle in der Freiheit angewiesen hat, zu einem dualistischen Philosophem, das die Welt aus Licht und Dunkel zusammensetzt, abgeblasst erscheint. Doch schimmern selbst hier noch die bardesaneischen Gegensätze von Freiheit und Naturbestimmtheit durch, sein Monismus ist freilich ganz verschwunden. So nämlich war nach Schahrastàni das System:

Es giebt zwei Principien, das Licht und das Dunkel, das Licht bewirkt alles Gute absichtlich und freiwillig, das Dunkel alles Uebel durch Naturbestimmung (طبع) und gezwungen, so dass vom Lichte alles Gute, Nützliche, Wohlriechende und Schöne, von der Finsterniss dagegen alles Ueble, Schädliche, Stinkende und Hässliche stammt. Sie behaupten, das Licht sei lebendig, wissend, mächtig, mit Sinnes und Fassungskraft begabt, es veranlasse Leben und Bewegung, wogegen das Dunkel todt, unverständig, kraftlos, unbeweglich, ohne Leben, Thätigkeit und Differenzierung sei. Ferner sagen die Bardesanisten, das Licht sowohl als das Dunkel seien einartig, und die Auffassung des Lichtes sei immer dieselbe, so dass sein Gehör, sein Gesicht und seine übrigen Sinne zusammenfallen, dass das Gehör wie das Gesicht und das Gesicht wie die übrigen Sinne sei. Und wenn gesagt wird, es hört, es sieht, so geschieht dies wegen der verschiedenen Zusammensetzung, und nicht, weil dies in sich selbst (wirklich) zwei verschiedene Dinge wären. Weiter sagen sie, dass die Farbe auch der Geschmack und ebenso der Geruch und der Tastsinn sei, dass man es als Farbe auffasst, weil sich die Finsterniss in besonderer Weise damit gemischt hat, als Geschmack, weil sie sich in anderer Weise damit verbunden hat. Und so reden sie von der Farbe des Dunkels, von seinem

---

1) Schahrastàni كتاب الملل والنحل ed. Cureton p. 194. Deutsche Uebersetzung von Haarbrücker.

Geschmack, seinem Geruch und seinem Gefühl. Dann erklären sie, das Licht sei ganz weiss, das Dunkel aber ganz
schwarz.

Sie glauben, dass das Licht mit seiner untern Seite
unaufhörlich auf das Dunkel, das Dunkel ewig mit seiner
obern Seite gegen das Licht stosse, doch über die Vereinigung und Trennung beider sind sie verschiedner Meinung.
Einige nehmen an, dass das Licht in das Dunkel eingeht,
und dass das Dunkel ihm mit Härte und Rauheit begegnet,
so dass das Licht verletzt, das Dunkel zart und glatt zu
machen wünscht, um von ihm befreit zu werden. Doch
geschehe dies nicht wegen der Verschiedenheit ihrer beiderseitigen Substanz, sondern wie die Säge, ihrer Substanz
nach Eisen, an der Seite glatt, an den Zähnen aber rauh
sei, so sei die Glätte am Licht, die Rauheit an dem Dunkel, ihre Substanz aber sei eine. Nun sei das Licht in seiner
Glätte so zart gewesen, dass es in jene Lücken (des Dunkels)
eingedrungen sei, dies vermöge es nur bei jener Rauheit,
und es sei undenkbar, dass etwas zur Vollendung und Existenz komme ausser durch Zartheit und Rauheit.

Andere dagegen behaupten: Keineswegs, vielmehr sann
das Dunkel auf Mittel sich fest an das Licht an seiner untern Seite zu hängen. Nun kämpft das Licht sich davon zu
befreien und es von sich zu stossen; dabei stützt es sich
dann auf das Dunkel und versinkt darin, wie ein Mensch,
der in den Schlamm gefallen sich auf seinen Fuss stützt
um herauszukommen und immer tiefer sinkt. So gebraucht
denn das Licht Zeit um die Befreiung und Sonderung in
seine Welt vorzunehmen.

Noch Andere endlich erklären, das Licht sei freiwillig
in das Dunkel eingedrungen, um es gut zu machen und
einen Theil desselben, der gut wird, in seine Welt hinauf-
zuführen. Da es aber einmal hineingetreten sei, so hänge
es eine Zeitlang darin fest und thue das Ungerechte und
Hässliche gezwungen, nicht freiwillig. Wenn es wieder ab-
gesondert in seiner Welt wäre, so käme von ihm nur das

wahrhaft Gute und das reine Schöne, indem ein Unterschied zwischen gezwungenem und freiem Handeln sei.

So weit Schahrastâni. Man sieht, alles Besondre und Eigenthümliche des bardesaneischen Lehrbegriffs ist geschwunden, nur wie ein später Nachhall klingt die Unterscheidung von Naturbestimmtheit in der physischen und Freiheit in der pneumatischen Welt aus diesen Angaben hervor, die echtbardesaneische Annahme der Gestirngeister mit ihrem Einfluss auf die psychische Welt, sein Schicksal, durch das er den Dualismus überwand, ist gänzlich verschwunden, und die Schule, in den Dualismus zurückverfallen, geht, wie die Spaltungen in den Ansichten über die Verbindung von Licht und Dunkel zeigen, ihrer Auflösung entgegen. Die von Schahrastâni angeführten Lehren haben ohne Zweifel schon Einflüsse von dem Manichäismus und dem Parsismus erlitten, er stellt also eine weit spätere Stufe der Schule dar als Ephraem † 373; dieser berichtet wenigstens noch ihre christologischen Ansichten, während Schahrastâni, wenn seine Darstellung den Bardesanisten einer spätern Zeit angehört, diese mit Recht gar nicht mehr den Christen zuzählt.

Das wäre es, was wir auf Grund der vorhandenen Quellen über Bardesanes Lehrbegriff zu sagen hätten, und wenn auch hier und da eingehendere Nachrichten erwünscht wären, so genügt doch das Vorhandene um begreiflich zu machen, dass zu seiner Zeit Bardesanes unter die bedeutendsten Geister zählte, und dass er sich daher mit Recht eines hohen Ruhmes bei seinen Landsleuten erfreute. Wie lange seine Schüler seinen Lehrbegriff festhielten, lässt sich nicht genau bestimmen, doch Ephraems Hymnen zeigen, dass in der zweiten Hälfte des vierten Jahrhunderts ihre Zahl und ihr Einfluss zu Edessa nicht unbedeutend war, und die von Cureton gegebnen Auszüge aus Philoxenus von Mabug († nach 522), der in seinem Antwortschreiben an einen Unbekannten von Schülern des Bardesanes redet, beweisen die Existenz der Secte sogar noch im Anfang des sechsten Jahrhunderts. Was er von Bardesanes sagt stimmt mit seiner echten Lehre überein, die sich also bis zu jener Zeit, wenn auch wohl nur in kleinen gelehrten Kreisen erhalten hat. Welcher Zeit die Quellen angehören, denen Schahrastâni seine Notizen entnommen hat, lässt sich nicht bestimmen, doch müssen sie nach der ersten Hälfte des sechsten Jahrhunderts geschrieben sein. Nach Abulfidâ Ann. anteist. p. 88 kam Kosru Anuschirwan 531 zur Regierung, dieser war ein strenger Gegner der dualistischen Mazdakiten und Manichäer, zugleich aber Wiederhersteller der alten Magerreligion; er eroberte Edessa, die Stadt des Heraclius, und seinem Einflusse werden wir es zuschreiben, dass persische Elemente auch in die Lehre der Bardesanisten gedrungen sind, was wir aus Schahrastâni sehen. Mit der Eroberung ist es nach dem Chron. edess. nicht so arg gewesen, die Stadt zahlte an Anuschirwan, der Schura, Apamea, und Antiochien genommen hatte, vieles Geld und kam ungeplündert davon. Jedenfalls aber bekamen die Perser in Syrien Einfluss und darauf kommt es uns hier an. Von dieser Zeit an wird demnach die Auflösung der Secte beginnen, deren Mitglieder sich dann theils in die Kirche zurückbegeben, theils der persischen Staatsreligion angeschlossen haben werden. Schahrastânis Quellen wenigstens zeigen uns die Bardesanisten in dem Stadium der Auflösung begriffen. Aehnlich und in den Hauptpuncten sogar oft wörtlich übereinstimmend schildert der Verfasser des Fihrist elûlum, Muḥammad ibn Isḥaq, die Secte, bei Flügel (Mani p. 161). Nach dem Fihrist zerfiel dieselbe in zwei Parteien. Die eine behauptete, das Licht habe sich freiwillig mit dem Dunkel gemischt, um es besser zu machen, und als es darin gewesen sei und den Ausgang gesucht habe, sei ihm dieser abgeschnitten gewesen. Dies ist offenbar die dritte Partei des Schahrastâni. Die andere meinte, das Licht habe, als es die Rauheit des Dunkels und seinen üblen Geruch gemerkt habe, dasselbe von sich stossen wollen, sei aber darin hängen geblieben wider seinen Willen. Wenn es sich nun befreien wolle, so sei es, als ob Jemand einen spitzigen Splitter entfernen wolle, der bei jedem

Drucke nur tiefer eindringe. Dies ist die zweite Partei bei Schahrastâni, nur lässt der Fihrist die Begründung fort, erst wenn das Dunkel sich an das Licht hängen will, wird es klar wie das Licht die Rauheit (خشونة) und den übeln Geruch (نتن) bemerken und das Dunkel fortzustossen versuchen kann. Beide Araber haben sicher dieselben Quellen benutzt, und sie stellen auch das gleiche Stadium der Auflösung der Secte dar. Auch die Schriften des Bardesanes, die Muḥammad ibn Isḥâq gesehen haben will, der Ausdruck ist vielleicht zweideutig, das Buch vom Licht und der Finsterniss, كتاب النور والظلمة, das von der geistigen Natur der Wahrheit, كتاب روحانية النور, das vom Beweglichen und Festen, كتاب المتحرك والجماد, gehören, wenn man nach den sehr abstract klingenden Titeln urtheilen darf, der späten Periode der Secte an und sind dann natürlich als Legitimationen bardesaneischer Rechtgläubigkeit dem Meister untergeschoben.

Ueber die Verbreitung der Secte giebt der Fihrist dankenswerthe Mittheilungen, Bardesanisten gab es in den Sumpfdistricten (بنواحى البطائح, am Schat el Arab), in Chorasan, selbst in China, nirgend aber hatten sie Gotteshäuser oder Stätten zu gemeinsamer Versammlung, was darauf deutet, dass die Secte klein und wohl meist aus Gelehrten zusammengesetzt war. Endlich können wir den Fihrist auch noch als Bestätigung für unsere chronologische Feststellung anführen; bei Flügel Mani p. 51, übersetzt p. 81 heisst es: وظهر ابن ديصان بعد مرقيون بنحو ثلثين سنة d. i. Bardesanes trat auf ungefähr dreissig Jahre nach Marcion. Wenn Marcion 138 nach Rom kam, so brauchen wir die dreissig nur um weniges zu vermehren, um auf das Jahr 174 zu kommen, in dem Bardesanes schon anfangen konnte Aufsehen zu erregen, immer aber würde auch nach dem Fihrist oder seinen Quellen Bardesanes zu spät auftreten, um dem Kaiser 165 seinen Dialog, der die ganze chronologische Schwierigkeit hervorgerufen hat, überreichen zu können. Alles ver-

einigt sich um die Edessener Chronik gegen Euseb. und
Epiphanius zu bestätigen. — Weitere Notizen enthält, wie
mir Herr Prof. Flügel privatim mitgetheilt hat, der Fihrist
über Bardesanes und seine Secte nicht.

IV.

Der Dialog de fato und die clementinischen Recognitionen.

Wenn ich zum Schlusse von dem Verhältniss der bardesaneischen Schrift zu der clementinischen Literatur rede,
so ist es nicht meine Absicht von den beiderseitigen Lehr-
begriffen dieser Schriften zu handeln, ich werde vielmehr
nur das literarhistorische Moment in das Auge fassen und
fragen: Wo ist das Original, im neunten Buche der Recognitionen oder in Bardesanes de fato?

Ehe wir jedoch hierzu übergehen können, müssen wir
eine Reihe von Stellen betrachten, die gleichfalls in einem
Bezuge zu unserm Dialoge stehen, wiewohl sie nicht wörtlich mit ihm übereinkommen. Diese Stellen gehören wesentlich dem dritten Buche an. Nachdem nämlich Simon dort
den Petrus an sein Versprechen erinnert, ihm aus dem Gesetze das Dasein zweier Himmel darzuthun III, 14, nimmt
das Gespräch wider alles Erwarten seine Richtung auf die
Frage nach dem Ursprung des Bösen, von der es cap. 26
von Simon durch die Bemerkung Si conditor bonus est et
mundus bonus, quomodo bonus bona dissolvet aliquando
wieder an den Anfang zurückgelenkt wird. Die hier einge-
schobene Verhandlung über den Ursprung des Bösen deckt
sich mit dem ersten Theile des bardesaneischen Dialogs in
der auffallendsten Weise.

Simon fragt, ohne dass man den geringsten Grund entdeckt, weswegen er seinen ersten Gegenstand, die Unend-
lichkeit Gottes und die Lehre von den zwei Himmeln aufgiebt:

Cum deus fecerit universa, ut tu dicis, unde est malum? So fragt auch Awida: Wenn Gott ist, warum hat er die Menschen nicht so geschaffen, dass sie nicht sündigen können? Petrus entgegnet: Si vere vis discere confitere et prius te doceam, quomodo debeas discere, et cum didiceris audire, tunc jam te incipiam consequenter docere: si vero non vis discere, tanquam sciens omnia, ego prius expono fidem quam praedico, expone et tu quod tibi verum videtur. Et cum manifesta fuerit utriusque professio judicetur ab auditoribus cujus nostrum sermo sit veritate subnixus. Diese ganze Antwort ist in Petrus Munde unpassend, denn was soll die Bemerkung, solche Fragen stelle kein Gegner, sondern ein Frager? Dies letzte Wort interrogantis aber verräth den Zusammenhang, Bardesanes erwidert ja seinem Awida: Wenn du lernen willst, so wird es erspriesslicher für dich sein, dass du einen Aeltern als diese fragst, willst du aber lehren, so ist es nicht ziemlich, dass du sie fragst, vielmehr musst du sie überreden, dass sie dich fragen u. s. w. Die weitern Worte des Petrus ego prius expono fidem, expono et tu etc. sind der folgenden Rede des Bardesanes parallel: Wenn du, o Awida, eine Ansicht hegst, so sage sie uns allen, ... hast du noch keine vorgefasste Meinung, so werde ich dir die Sache auseinandersetzen. Die letzten Bemerkungen des Petrus endlich, die Zuhörer sollten urtheilen, stehen mit dem Anfang des Buchs, wo Petrus es bedenklich findet vor gemischtem Publicum zu disputieren, im Widerspruch, im Widerspruch auch mit der Grundanschauung des Kerygma, nach welcher alle Wahrheit von dem Propheten stammt, nimmermehr also dem Urtheil der Menge unterworfen werden kann. Dies sucht Petrus später doch als möglich darzustellen: saepe etiam fama vulgi, prophetiae speciem tenet. Dass es Simon weiter als Anmassung Petri verlacht, wenn er ihn belehren wolle, passt auf Awida nicht, desto besser aber auf den sich überhebenden Character des typischen Universalhaeretikers. Während nun noch einmal von Petrus gefragt wird, ob Simon als Lehrer oder Lern-

begieriger spreche, und die Streitrede in unnützen gegenseitigen Schmähungen sich aufhält, kommt wenigstens scheinbar
ein Fortschritt in die Disputation durch die von Petrus auf-
gestellte schulmässige Analyse der Frage unde malum. Es
soll nämlich verhandelt werden 1) ob es ein Uebel überhaupt
gebe, 2) was das Uebel sei, 3) wozu es diene, und endlich
4) woher es stamme. Hierauf antwortet nun Simon ganz angemessen mit der Frage, ob denn überhaupt Jemand das
Uebel leugne, was er offenbar nicht voraussetzt, und höhnt
Petri Unwissenheit, während er selbst als Gnostiker Alles
wissen will. Petrus aber erklärt, das ganze Volk der Juden,
ausser dem Stuhle des Moses leugne das Uebel, und Simon
fragt ihn nach seinem Urtheil, ob sie dies mit Recht thäten [1]).
Petrus weist dies ab und schlägt ihm eine geordnete Disputation über das Dasein und Wesen des Uebels vor, worauf
sich die ersten, dem Dialog über das Fatum so ähnlichen
Worte: Quomodo interrogas quasi discere volens an docere
wiederholen. Noch einmal wird dem Petrus dann Gelegenheit gegeben, sich auf das Urtheil der Menge zu berufen,
da der Gnostiker als Pneumatiker bezweifelt, ob die Schaar
der Psychiker über ihre Disputation richten könne, was Petrus, wie schon oben im Widerspruch mit dem Anfang des
Buches festhält. — Das Ganze ist nur die verdoppelte Einleitung des bardesaneischen Dialogs, die den Zweck hat den
Gnostiker als logisch schwach darzustellen, mit den Worten:
Quomodo interrogas an discere volens an docere kehrt der

---

1) So nach dem syr. Text: ܠܩܘܡܝܐ ܡܢ ܟܠ ܗܝ ܐܡ ܐ̈ܬܝܘܗܝ
ܘܟܠܗ ܥܡܐ ܕܥ̈ܒܪܝܐ ܟܦܪ ܒܗ ܣܛܪ ܡܢ ܟܘܪܣܝܐ ܕܡܘܫܐ؟ d. i. Nam primo omnium, quia subsistat malum, universa He-
braeorum negat gens praeter cathedram Moysis, Simon fällt ihm
ein: ܙܕܝܩܐܝܬ ܥܒܕܝܢ ܕܝܢ ܐܝܠܝܢ ܕܐܡܪܝܢ ܕܠܝܬܘܗܝ ܒܝܫܐ
ܐܘ ܠܐ d. i. Recte faciunt, qui dicunt non esse malum an non? So
erst wird Simon gezwungen seine erste Frage unde malum für falsch zu
erklären und auf Petri Distinction mit den Worten Ignosce mihi einzugehen.

Verfasser immer wieder zu dem Dialoge zurück. Dass Petrus die Juden als Leugner der Bösen aufführt, kann nur den Sinn haben, dass sie die Materie als Grund desselben leugnen, warum er aber den Stuhl Mosis davon ausnimmt, ist undeutlich.

Wie nun der Dialog hier zu Grunde liegt, so auch im Folgenden. Petrus lehrt, sein Meister habe die Hebräer, die die Kunde gehabt hätten, Gott und der Demiurg sei derselbe, über den Willen Gottes unterrichtet, da es in der Freiheit des Menschen beruhe ihm zu folgen oder nicht. Dem entspricht im Dialoge die Frage des Bardesanes an Awida: Wie entscheidest du dich, dass es keinen Gott des Weltalls giebt, oder dass es einen giebt, und dass dieser nicht will, dass die Menschen sich gut und gerecht betragen sollen. Beide Stellen betonen die voluntas Dei als die Quelle des sittlichen Gesetzes. Die Wahlfreiheit ist in Petrus Rede aus dem weitern Verlaufe des Dialogs anticipiert. Simon leugnet nun die Willensfreiheit und zieht sich auf das Fatum zurück, er spricht den Gedanken aus, der Awidas Anschauungen zu Grunde liegt, Petrus aber entgegnet ihm mit der Frage nach der Möglichkeit eines Gerichts, wie Bardesanes in etwas anderem Zusammenhange fragt: Wäre der Richter nicht ungerecht, der die Menschen um solcher Dinge willen anklagt, die er nicht vollbringen kann? Deutlich ist auch der Bezug auf den ganzen Inhalt des Dialogs in Petri folgenden Worten III, 22: Si agere aliquid non in potestate habet (homo) ..... convulsa sunt omnia, frustra erit studium sectandi meliora, sed et judices saeculi frustra legibus praesunt et puniunt eos qui male agunt, non enim in sua potestate habuerunt, ut non peccarent. **Vana sunt et jura populorum,** quae malis artibus poenas statuunt. Weiter giebt Petrus die Begriffsbestimmung der Wahlfreiheit: Arbitrii potestas est sensus animae habens virtutem, qua possit ad quos velit actus inclinari und stellt einen Unterschied zwischen den zwei Arten der Bewegung auf, ut quaedam necessitate, quaedam voluntate moveantur. Auch hier ist der Dialog benutzt; von der Nothwendigkeit werden die Gestirne getrieben, so sagt auch der Dialog, in der Freiheit ist dagegen die Willensentscheidung begründet auf die das Gericht folgt, oder wie Bardesanes dies ausdrückt: In den geistigen Dingen thun die Menschen, was sie wollen, als Freie, als Herrscher und als Ebenbild Gottes. Da nun die Freiheit durch Gott selbst gesetzt ist, fährt Petrus fort, so hat er auch an ihr keine Schranke, vielmehr was er will, das ist, was er nicht will, das ist nicht. Nachdem so die Allgewalt Gottes erwiesen ist, fragt Simon gerade wie Awida: Nonne poterat nos omnes facere tales, ut essemus boni et aliud esse non possemus, wodurch er dem Petrus Veranlassung giebt, Aeusserungen zu thun, die sich mit dem Dialoge wörtlich berühren: Si enim inconvertibilis naturae fecisset et immobiles a bono, non essemus vere boni, quia aliud esse non possemus et non erat nostri propositi, quod eramus boni, nec nostrum erat quod agebamus sed necessitatis naturae. Quomodo ergo bonum dicetur quod ex proposito non agitur. Hiermit kehrt die Disputation endlich zu der Frage über die beiden Himmel zurück [1]. Mit jener Stelle deckt sich Bardesanes: Wäre der Mensch so geschaffen, dass er nichts Böses thun könnte, so wäre auch das Gute, das er thut nicht sein Eigenthum. Das Schicksal der Astralgeister, dem Bardesanes die Gewalt p. 4 zuschreibt, wenn es keine Freiheit geben sollte, kann Petrus freilich nicht annehmen, der Satz: „Wer nicht aus eignem Antriebe das Gute oder Böse thut, dessen Rechtferti-

---

1) Beiläufig sei darauf aufmerksam gemacht, wie sclavisch Rufin seinem griechischen Text folgt. In diesem muss gestanden haben *Εἰ ἡμᾶς ἀτρέπτου ἐποίησεν φύσεως ... οὐκ ἂν ἦμεν ἀληθῶς ἀγαθοί κτλ.* Rufin aber, der hier den hypothetischen Fall, *εἰ* und *ἂν* mit dem Indicativ, bei dem weitern Verlauf des Satzes vergisst, übersetzt die folgenden tempora historica gegen jedes lateinische Gefühl ruhig mit dem Indicativ Imperfecti. Er hat also nur Wort für Wort wiedergegeben und die ganze Construction aus dem Auge verloren. Gerade in den hypothetischen Sätzen begegnet ihm dies öfter.

gung steht bei dem Schicksal" muss daher umgewandelt werden, und zwar giebt die Naturbestimmtheit des Bardesanes, die necessitas Petri die Gewalt ab, von der Petrus die Handlungen herleitet, wenn es keine Freiheit gebe. Da nun der Dialog in sich geschlossener und schärfer das Problem behandelt, auf das auch Petrus eingeht, namentlich aber, weil dieser mit den wenigen Worten: Vana erunt et jura populorum das Hauptargument des Dialogs, welches nach allen Richtungen hin gewendet und erwogen wird, zusammenfasst, so ist es zunächst wahrscheinlich, dass der Dialog das Original ist, das wir in den Recognitionen frei, aber nicht ungeschickt verarbeitet sehen. Dies bestätigt sich auch dadurch, dass der Gegenstand durchaus nicht erschöpfend behandelt wird, und dass auf die Theilung der Frage, ob, was, wozu und woher das Böse sei, im weitern Verlaufe gar nicht Rücksicht genommen und das Gespräch nach Darlegung der Wahlfreiheit abgebrochen ist. Jene Distinction findet sich im bardesaneischen Dialoge nicht, sie gehört dem Ueberarbeiter der Clementinen, dennoch aber macht er, dem Gange des Dialogs folgend, keinen rechten Gebrauch davon.

Der ganze Abschnitt ist aber eine schöne Bestätigung für die höhere Kritik, die ihre Resultate hier nachträglich durch Urkunden befestigt findet. Die Hauptberührungen zwischen dem bardesaneischen Dialog und den Recognitionen liegen im Anfang des Dialogs, der erst 1855 bekannt geworden, dennoch schloss Hilgenfeld schon 1848 aus innern Gründen, dass „diese Stelle der petrinischen Disputation nur von einer spätern Hand herrühren könne"[1]). Es ist hauptsächlich die Annahme des Fatums und die Bestreitung des freien Willens, die Anstoss erregt, da kein gnostisches System, wie Hilgenfeld bemerkt, auf die Frage, ob der Mensch frei sei, absolut mit nein antwortet. In dem Original stellt sich denn die Sache auch gerade umgekehrt dar, der

---

1) Hilgenfeld die clemeutinischen Recognitionen und Homilien. Jena 1848. p. 142.

Gnostiker vertheidigt die Freiheit gegen den astrologischen Fatalismus, der hier dem Simon aufgebürdet ist, wahrscheinlich um an ihm jede von der sana doctrina abweichende Lehre, so wenig sie auch dem Gnosticismus, den Simon repräsentiert, homogen ist, zu widerlegen, und den Petrus auf diese Weise in ein Rüstzeug gegen aller Art Haeresie zu verwandeln. Die tiefere, selbst dem Gnosticismus angehörige Lösung der Frage, die Vereinigung von Freiheit und Nothwendigkeit, die Bardesanes als Kantianer vor Kant, durch Scheidung der empirischen durch Nothwendigkeit gelenkten Welt von der intelligibeln Welt der Geister, dem Reiche der Freiheit vollzieht, ist vom Ueberarbeiter der Recognitionen freilich fortgelassen, wie er auch den Ursprung des Uebels, das Bardesanes durch die Mittelursache der freien Herrscher und Lenker erklärt, gar nicht behandelt, sondern als unnütze Speculation bei Seite liegen lässt.

Die Stellen, die wir bis jetzt aus dem dritten Buche der Recognitionen betrachtet haben, sind nun aber nicht die einzigen, auch das fünfte Buch berührt sich mit dem bardesaneischen Dialoge. Mitten in der theoretischen Bekämpfung des Polytheismus lässt Petrus die Heiden einwenden, Gott hätte ja die Götzendiener gleich vertilgen sollen, und widerlegt dies mit der nur aus Gottes Weisheit zu erklärenden Langmüthigkeit (V, 25). Hiermit ist die Sache eigentlich abgethan, dennoch aber folgt noch ein Einwand, Gott hätte den Menschen gar nicht auf den Gedanken kommen lassen müssen die Götzen anzubeten. Dieser Einwand ist nur die verkappte alte Frage, warum Gott die Menschen nicht so geschaffen, dass sie nicht sündigen können, und er wird auch mit der alten Antwort widerlegt: Ignoratis, quid est libertas arbitrii, et latet vos, quia ille vere bonus est, qui suo proposito bonus est. Qui autem necessitate retinetur in bono, bonus non potest dici, quia non est suum quod est. Das ist völlig der Gedanke unseres Dialogs, und um jeden Zweifel an der Benutzung desselben auszuschliessen, folgt dann noch eine Erklärung des Uebels aus dem Einflusse der

Gestirne, die dem Lehrbegriff der Clementinen völlig fern
liegt. Es heisst nämlich V, 27: „Auch das sollt ihr wissen,
dass gegen undankbare Seelen nicht Gott selbst seine Rache
vollzieht, sondern dass seine ganze Creatur aufsteht und die
Gottlosen bestraft. Wenn auch in der gegenwärtigen Welt
Gottes Güte Frommen und Gottlosen das Licht der Welt und
die Dienste der Erde gleichmässig schenkt, so giebt doch
die Sonne ihr Licht und die Elemente ihre Dienste den Gottlosen nicht ohne Schmerz. Zuweilen werden auch die Elemente, der Verbrechen der Gottlosen überdrüssig, gereizt,
und daher kommt es, dass die Früchte der Erde verdorben
oder die Mischung der Luft verletzt, die Gluth der Sonne
übermässig entzündet oder eine unendliche Menge von Regen
und Frost verbreitet wird. Daher stammt Pest und Hungers-
noth und verschiedene Todesart, denn die Creatur eilt Rache
über die Gottlosen zu bringen. Gottes Güte aber drängt sie
zurück und zügelt sie bei der Erbitterung gegen die Bösen
und zwingt sie mehr seiner Barmherzigkeit zu gehorchen,
als durch die Sünden und Verbrechen der Menschen in Zorn
gesetzt zu werden, denn die Güte wartet die Bekehrung der
Menschen ab, so lange sie in diesem Leibe sind.''

Hier haben wir die intelligibeln Sterngeister des Bardesanes, freilich nicht in ihrer völligen Natur, sie sollen nach
dieser Stelle nur ausnahmsweise wirken, während sie bei
Bardesanes neben ihrer Bestimmtheit auch immer in freier
Thätigkeit erscheinen. Die Ausscheidung dieses Stückes, das
wir aus der bardesaneischen Lehre entnommen ansehen, bestätigt, abgesehen von dem innern Grunde, dass den clementinischen Recognitionen die Sterngeister ganz fremd sind,
auch ein äusserer Umstand. Lässt man die ganze an den
Dialog erinnernde Stelle von den Worten V, 25 an: Sed dicis oportebat ergo eos qui adorant etc. bis V, 28. Sed fortasse dicetis mihi terres nos Petre fort, so ist der Zusammenhang nicht nur nicht durchbrochen, sondern sogar bei
weitem geschlossener. V, 28 ist wieder von der Schlange
die Rede, die den Götzendienst erfunden, dasselbe geht vor

der eingeschobenen Stelle vorher und ebenso findet das terres nos seinen Anschluss, wenn es unmittelbar auf den Satz
vor dem Einschiebsel bezogen wird: Dann gehört das Ganze
so zusammen: Alles habt ihr euch zu Götzen gemacht ...
V, 24. Vere hoc est quod desiderat ille qui intra vos
latet serpens, nulli vestrum parcit, nullum vult effugere
de interitu. Sed non ita erit. Audite enim quia non delin-
quit illud quod adoratur (d. i. serpens), sed ille qui adorat.
Justum namque est apud Deum judicium et aliter injuriam
patientem judicat aliter inferentem. V, 28. Sed fortasse dicetis mihi, terres nos Petre. Et quomodo vobis dicemus quae
in re sunt, numquid tacentes adnunciare possumus veritatem?
Quae sunt aliter quam sunt, proferre nescimus. Quod si
taceamus, causam vobis perniciosae ignorantiae dabimus, et
satisfaciemus latenti intra vos et obsidenti sensus
vestros serpenti etc. Wie fern dem Lehrbegriff der Recognitionen der Gedanke liegt, dass die Gestirne, die in
dem hier eingeschalteten Stücke als frei und selbständig erscheinen, wirklich intelligible Wesen sind, zeigt die Ver-
gleichung mit der Rede Aquila's im 8ten Buche. Auch er
sagt, die Gestirne verursachen zur Strafe für die Sünden,
Krankheiten, Missernten u. s. w., nicht aber wie es in der
Einschaltung heisst fatigata sceleribus impiorum vincuntur
elementa, sondern sie thun dies bei Aquila im Dienste Gottes ohne jede Selbständigkeit. Vgl. VIII, 45. Haec (lumina)
Deus posuit in coelo, quibus veris temperies pro ratione
temporis dispensetur etc.... Horum autem ipsorum mini-
sterio, si quando pro peccatis hominum plaga et correptio
terris injicitur, perturbatur aer, lues animantibus, corruptio
frugibus, pestilens per omnia mortalibus annus inducitur.
Die Sterne sind dem Aquila also immer im ministerium.

In den 'aus den *Περίοδοι Πέτρου* hervorgegangenen
Theilen der Recognitionen finden sich weiter keine Berüh-
rungspuncte mit dem Dialog de fato, dagegen ruht die Polemik gegen die von Faustinian vertheidigte Astrologie vollständig auf demselben, nur ist die specifisch bardesaneische

Lehre vom Schicksal, durch welches dieser gleichzeitig das Fatum widerlegte und die Freiheit rettete, eigenthümlich umgestaltet. Nachdem in der eben verglichenen Stelle die Möglichkeit der Sterneinwirkungen durch die Darlegung ihres regelmässigen, in Gottes Hand stehenden Laufes aufgelöst ist, kehrt p. 134 C. die Frage nach dem Ursprung des Bösen wieder, das aber hier weder von der Materie noch von der Freiheit abgeleitet werden soll. Faustinianus denkt an ein persönliches Wesen, den Teufel, als dessen Urheber, wenn er sagt: Cur autem et princeps ille, qui malis gaudet, factus est, et unde factus est, aut non est factus? Hierauf beginnt Aquila eine Auseinandersetzung, die den übrigen Theilen der Recognitionen fremd, dem Dialoge aber verwandt ist. Aus der göttlichen Praescienz folgert er, dass Gott wisse, welche Menschen böse sein würden, und behauptet, diese stünden unter der Herrschaft böser Engel. Nach Bardesanes p. 9 giebt es Menschen, die nicht für das Gute geschaffen sind, sie heissen Unkraut, und wer z. B. meint, die sittlichen Gesetze seien übermässig hart, der ist ein solcher Diener des Widersachers. Verrätherisch für den Ursprung der von Aquila gegebenen Lehre sind die Worte: Eos qui ad mala declinarunt, angelis regendos permisit his, qui non per substantiam (um die Hyle auszuschliessen) sed per propositum cum deo manere noluerunt, invidiae et superbiae vicio corrupti. Die Originaltheile der Recognitionen deuten bekanntlich die בני אלהים Gen. 6 als Menschen 1, 29: Octava generatione homines justi, qui angelorum vixerant vitam, inlecti pulchritudine mulierum ad promiscuos et inlicitos concubitus declinaverunt etc., Bardesanes dagegen erklärt dieselben für Engel p. 4. Woher kommen nun mit einem Male die angeli, invidiae et superbiae vicio corrupti? Doch sicherlich von Bardesanes, der als Bekämpfer des astrologischen Fatalismus auch weiter benutzt wird. Auf ihn führt auch ganz besonders die Bemerkung, die Engel hätten nicht unbeschränkte Gewalt, sondern ihre ewigen Grenzen, was, wie wir in der Darstellung seines Systems gesehen haben, genau seine Ansicht von der beschränkten Freiheit der Itje ist. Diese Lehre ist aber bei Aquila in enge Verbindung mit der eigenthümlich clementinischen, aus Rücksicht auf die εἰδωλόθυτα entwickelten Idee, gesetzt, man müsse den Dämonen erst den Willen thun, ehe sie Gewalt über den Menschen bekämen.

Mit der Ableitung des Bösen aus der Freiheit und dem Einfluss der bösen Engel giebt sich Faustinianus indessen nicht zufrieden, erhält aber bei seiner Frage nach der substantia mali keine Antwort; dies wird als unnütze Grübelei bei Seite gelassen, wie wir dasselbe schon oben bei Betrachtung der Stellen des dritten Buches gefunden haben. Statt dieser Speculation giebt Aquila eine practische Regel: Omnis propemodum actuum nostrorum in eo colligitur observantia, ut quod ipsi pati nolumus, ne hoc aliis inferamus, und diese ist dieselbe, die auch Bardesanes seiner Ethik zu Grunde legt, wir sollen uns von allem Bösen fernhalten, das wir, wenn es uns geschieht, nicht gern haben; es dürfte auch hier eine Benutzung des Dialogs kaum zu bezweifeln sein. Hiermit endigt das achte Buch, die Hauptdisputation über die Genesis wird auf den folgenden Tag verlegt, und in dieser Rede kommen bekanntlich Recognitionen und Dialog wörtlich überein. Eine Spur dieses Abschnittes findet sich aber auch schon VIII, 48, wo die Serer als Muster der Keuschheit erwähnt werden. Was der Bearbeiter der Recognitionen über das im Dialog Vorliegende hinaus von ihnen erzählt [1]), ist seinem Ideale von einem unschuldigen Volke, nicht aber einer andern Quelle entnommen, ebenso ist das angebliche

---

1) Die Behauptung, apud Seres non fas esse, post conceptum feminam ultra adiri, neque quum purgatur, gehören nur zur vollen Darstellung der Keuschheit; die Vermeidung unreinen Fleisches gilt wohl vorzugsweise für εἰδωλόθυτα, beides halten die Ebioniten für zum Heile nothwendig. Diese strenge Fassung des Keuschheitsgebotes erstreckte sich durch die ganze alte Kirche und ist von da auch in den Anfang des Corpus jur. can. gekommen. Vgl. Const. Apst 6, 28. Ebionitisch ist auch die Geringschätzung des Opfers, vgl. Hilgenfeld a. a. O. S. 656. Ritschl Entstehung der altkath. K. S. 209; man sieht, der Verfasser macht die Serer zu einem ebionitischen Ideal.

lange und glückliche Leben der Serer nur in seiner Phantasie
oder besser Theorie begründet, nach welcher das Uebel die
Gerechten nur trifft, weil sie mit den Ungerechten unter-
mischt leben, für welche es eigentlich geschickt wird, während es den Gerechten nicht zur Strafe, sondern zur Zucht
dient. Da nun nach des Bearbeiters Angaben im Sererland
keine Sünde herrscht, so muss auch das Uebel fehlen. Das
aus der Theorie Geschlossene wird als historisches Factum
erzählt. Ein Seitenstück zu dieser Art von Geschichtsmache-
rei bietet I, 47. Es steht fest, dass jeder Prophet gesalbt
sein muss, Christus ist mit dem Oele des Lebensbaums,
Aaron mit dem irdischen Abbilde desselben gesalbt. Auch
Adam war Prophet, Clemens macht nun den Einwurf, er sei
ja nach Petri Erzählung nicht gesalbt, so könne er doch
nicht Prophet sein. Tum subridens Petrus: Si primus
homo prophetavit, certum est quod et unctus fuit. Licet
enim unctionem illius siluerit ille, qui legem in paginis con-
didit (vgl. Hom. 2, 38), nobis tamen intelligenda haec eviden-
ter reliquit. Sicut enim si unctum eum dixisset, non dubi-
taretur, et prophetam eum fuisse, etiam si scriptum non
esset in lege, ita quum certum sit, eum prophetam fuisse,
similiter certum est, et quod unctus sit, quia sine unguento
prophetare non potuit. — — — Es ist höchst belehrend,
an solchen in ihrer Naivität ganz durchsichtigen Darstellungen
zu lernen, wie man zu historischen Facten kommen kann.
Ueberaus charakteristisch ist das Wort subridens, durch welches der kritische Einwurf des Clemens, als durchaus nichts-
sagend und nur aus Mangel an wahrem Verständniss hervorgegangen bezeichnet werden soll.

Ehe wir uns jedoch zu der letzten Stelle wenden, wird
es gut sein das Ergebniss der bisherigen Erörterung zusammenzufassen. Der Abschnitt des dritten Buches war schon
vor Auffindung des Dialogs als den echten Clementinen fremd
ausgeschieden, der Dialog bestätigte nachträglich die aus
innern Gründen schliessende Kritik und der Zusammenhang
der Disputation über die zwei Himmel, der sich nach Aus-

7 *

scheidung der bardesaneischen Stücke herstellt, berechtigt
und zwingt uns, eben diese Stücke als Einschiebsel anzusehen. Dasselbe ereignet sich im fünften Buche, der Gedanke von der Selbständigkeit und theilweisen Freiheit der
Gestirne und Elemente passt nicht zu den sonstigen Lehren
der Recognitionen, die Ausscheidung der diese Anschauung
vortragenden Stelle durchbricht den Zusammenhang nicht,
sondern der Text geht in sich zusammenhängend weiter.
Vorher leitet Petrus den Götzendienst aus der List der
Schlange her, nach dem bardesaneischen Stücke fährt er
fort, er sei gesandt, um die dämonische Lüge zu brechen,
wenn er schwiege, so würde er der Schlange nur gefällig
sein (satisfacere). Sonach müssen wir auch diese Stelle als
ein Einschiebsel ansehen. Da nun aber beide Male durch
die Einschiebungen der Zusammenhang des Textes durchbrochen wird, so können wir nur annehmen, dass der Interpolator die Recognitionen (I—VI) schon wesentlich in ihrer
jetzigen Reduction vor Augen hatte, dass also zur Zeit, als
der bardesaneische Dialog ein gelesenes und einflussreiches
Buch war (nach 195), das Kerygma und die Reisen Petri
schon in der jetzt vorliegenden Weise verarbeitet waren. Bis
hierher also würde die Benutzung der bardesaneischen Schrift,
weit entfernt die späte Abfassung der Recognitionen zu bezeugen, gerade umgekehrt dazu dienen nachzuweisen, dass
die Recognitionen I—VI älter sind, als der Dialog de fato,
und nach dieser Vorbereitung können wir uns zum neunten
Buche wenden.

Rec. VIII, 58 verschiebt Clemens die Disputation über die
Genesis auf den folgenden Tag und X, 10 recapituliert Faustinianus das Gespräch des vorangehenden Tages mit den
Worten: Hesterno die de naturalibus disputans causis osten-
disti, quia virtus quaedam maligna transformans se in ordi-
nem stellarum, humanas concupiscentias exagitat, diversis
modis provocans ad peccatum, non tamen cogens aut effi-
ciens peccatum. Clemens ist damit nur ziemlich befriedigt,
der Greis hat ihn nicht völlig verstanden, er giebt daher

noch eine Auseinandersetzung, nach welcher die Astrologen
die Lehre von den Climateren als uneinnehmbare Feste gegen alle Angriffe ersonnen haben, so dass sie, wenn sie
irren, immer noch einen Grund anführen können, den sie
ursprünglich nicht in Rechnung gezogen hätten, sei es, dass
der Einfluss der Climateren, sei es, dass die Einwirkung
eines nicht beobachteten Sternes die Schuld des Rechenfeh-
lers trägt. Sehen wir nun diese Recapitulation als Inhalts-
verzeichniss des neunten Buches an, und gehen wir an ihrer
Hand dasselbe durch, so beginnt es in engem Anschluss an
das vorangehende, von Petrus eingeleitet, mit der Aufforderung, Clemens und der Greis möchten ihre Unterredung anfangen. Dieser hält zurück und Clemens giebt seinen Beweis, dass es mit der Genesis nichts sei, folgendermassen:
Gott hat die Welt durch seinen Sohn wie ein doppeltes Haus
geschaffen (duplicem domum, wogegen das Kerygma in I, 27
nur ein Haus kennt); in dem obern weilen die englischen
Mächte, in dem untern, sichtbaren die Menschen, unter denen er einzelne zu Genossen für seinen Sohn auserkoren
hat. Der Herrscher der sichtbaren Welt ist ein Betrüger,
der die Menschen vom Sohne Gottes abführt, er muss aber
da sein, damit sie, nicht durch Nothwendigkeit gezwungen,
sondern durch freie Wahl sich für Gott entscheiden und sitt-
lich bewähren. Die Ungleichheit der irdischen Lebensver-
hältnisse ist in der Natur der Welt begründet, nicht alle
können herrschen, nicht alle dienen, Arbeit und Lohn müssen sich theilen und verschieden ausfallen. Die Noth ist
die Mutter der Erfindungen und die Ungleichheit des Ge-
schicks eine Aufforderung zur Barmherzigkeit. Als Anhalt
für die Menschen hat Gott sein Gesetz gegeben, durch welches er auf die Freiheit des Menschen recurriert, die je nach
ihrer Entscheidung belohnt oder bestraft wird. Das Uebel
aber, das nothwendig ist, damit der Mensch in einen Kampf
kommen könne, wird durch gewisse contrariae virtutes in
die Welt gebracht, ut ex earum certamine oriatur justis
palma victoriae et meritum praemiorum. Solche Lehre ist

aber Mysterium, das die Astrologen nicht kennen, die daher
den Einwirkungen der Sterne die Geschicke zuschreiben. Da
sie sich nun hierbei oft täuschen, so haben sie die Climateren erfunden, um dadurch ihre Irrthümer zu verdecken.
Diese Climateren oder gefährlichen Perioden sind durchaus nicht mit den bardesaneischen Climaten zu verwech-
seln, die dieser ebenfalls für eine zum Betruge erfundene
Lehre erklärt, — wir haben es hier überhaupt mit einem
andern astrologischen System zu thun, als bei Bardesanes. —
Eine Hauptursache dafür, dass der astrologische Betrug
sich so schwer entdecken lässt, liegt darin, dass die Sünde
in diesem Leben nicht immer ihre Strafe findet, die auf Erden nicht gross genug sein kann und daher von Gott ver-
schoben wird. Doch darf dies nicht zum Unglauben veranlassen, das Gesetz ist klar, und in der Freiheit hat der
Mensch die Macht, sich durch Scheu und Angst vor Strafe
von dem Bösen fern zu halten. Die Thiere halten das ihnen
gegebene Gesetz, Meer, Sterne und Flüsse fügen sich der
Ordnung, Engel und Dämonen [1]) gehorsamen Gott, — der
Mensch kann und soll es auch. Das ist es, was Clemens
gegen die Astrologie vorbringt, und wenn nicht Alles täuscht,
so ist es dies, was der Greis X, 10 nicht ganz correct zusammenfasst, wenn er sagt, dass virtus quaedam maligna
sich in die Ordnung der Sterne verwandelt und zur Sünde
reizt. Der Greis irrt insofern, als er angiebt, die virtus
maligna verwandle sich in die Sterne, und Clemens verbessert ihm sofort in der schon oben gegebnen Recapitulation,
in der er zeigt, durch die Climateren hätten die Atrologen
stets das Mittel ihren Irrthum zu verbergen. Dass die Recapitulation mit dem Anfange des neunten Buchs zusammen-
gehört, ergiebt sich durch einen sogar wörtlichen Bezug.
Clemens sagt X, 12. Nos autem, qui mysterii hujus didi-
cimus rationem, scimus et causam, quia libertatem habentes
arbitrii, interdum concupiscentiis obsistimus, interdum cedi_

---

1) Vgl. Jac. 2, 19 *Καὶ τὰ δαιμόνια πιστεύουσι καὶ φρίσσουσι.*

mus etc., und dies mysterium ist IX, 12 schon erwähnt,
die Astrologen sind es die hujus modi mysteria nicht kennen. Uebrigens ist es durchaus bezeichnend, dass Clemens
nur seine Lehre als mysterium mittheilt, ohne die Astrologie
direct zu bekämpfen. Seine vom wahren Propheten stam-
mende Lehre ist in sich selbst gewiss, aus ihrer absoluten
Gewissheit folgt aber, dass jede andre falsch sein muss,
nach ihrer Aufstellung ist daher eine Widerlegung der Astrologie gar nicht mehr von Nöthen. Die Astrologen sind eben
einfach Ignoranten. Wenn nun das 10te Buch in der ange-
gebenen Weise den Inhalt des neunten zusammenfasst, so
fallen die bardesaneischen Stücke, die wir bald näher betrachten werden, völlig aus dem Zusammenhang. Auf die
theoretische Auseinandersetzung des Clemens im neunten
Buche wird der Greis aufgefordert zu entgegnen. Er beginnt
IX, 16 mit einem Lobe für Clemens, meint aber, seine Lehre
könne ihn nicht zufrieden stellen, da er in seinem eignen
Leben die Gewalt der Sterne erfahren hätte, und giebt einige
Constellationen mit ihren Wirkungen an. Hierauf folgt aus
Bardesanes Rede die Widerlegung der Gestirnmächte, die
wir für jetzt übergehen; dann giebt der Greis IX, 32 die Erzählung über die Flucht seiner Gattin Mattidia, die eigent-
liche Veranlassung seines Aberglaubens. Betrachtet man einfach die Anordnung der Ereignisse, die theoretische Lehre
des Clemens, die Antwort des Greises, seine Erfahrung' widerspreche derselben, und die Begründung der Behauptung
durch den Bericht von seinem Geschick, dann drängt sich
die Ueberzeugung förmlich auf, dass die ältere Recognitio-
nenrecension das bardesaneische Stück nicht enthalten, dabei
aber in vollständig strictem Zusammenhang gestanden und die
dem Clemens eigne Widerlegung des Fatums gegeben haben.

Diese Reihenfolge in der Darstellung bestätigen auch die
Homilien, in denen 14, 6 der Greis auf Clemens Angriffe gegen die Astrologie gleich mit der Erzählung seines Schicksals, das er freilich einen Andern, der ihm befreundet war,
treffen lässt, herausrückt, überdies aber liegt diese Reihen-

folge eigentlich schon ganz selbstverständlich in der Natur
der Sache. Was übrigens die Lehre gegen die Astrologie
Hom. 14, 4 — 6 betrifft, so ist sie ohne Zweifel weniger original, als die der Recognitionen. In den Homilien macht
Clemens zuerst nur einen geschickten Fechterstreich, wenn
er dem Greise sagt, er möge sich die Mühe der Auseinandersetzung sparen, wenn Alles dem Horoscop unterworfen
wäre, dann könne er ihn ja doch nicht überzeugen, weiter
aber sagt er, mit der Sternkunde unbekannt, wolle er ihre
Berechtigung auf andere Weise (ἄλλῳ τρόπῳ) widerlegen,
indem er die Vorsehung erweisen könne, die die Astrologie
ausschliesst. Diese Auseinandersetzung ist höchst oberflächlich und schliesst damit alle Gegner für Sünder zu erklären.
Der Kern der Frage, woher das Uebel, das die Astrologen
den Sternen zuschreiben, eigentlich stamme, bleibt völlig
unberührt, in den Recognitionen dagegen giebt Clemens eine
Ableitung desselben, die eigenthümlich und von der bardesaneischen ganz abweichend ist. Die Homilien scheinen hier
etwas verwaschen. Nicht original sind die Homilien auch
darin, dass sie den Greis seine Geschicke als einen Andern
betreffend darstellen lassen. Dies soll nur dazu dienen, um
die Verwicklung des Romans und die Spannung des Lesers
zu erhöhen, in der Geschichte selbst liegt gar kein Grund
dafür vor. Der Greis kommt nach den Homilien um Petrus
und seine Genossen von dem Aberglauben der Religion zu
befreien [1]) und von der Astrologie zu überzeugen. Die Ueberzeugung will er durch eine Geschichte bewirken, nun frage
man sich doch, was wirksamer ist, dass er, wie in den
Homilien, sagt, er habe Jemand gekannt, dem es so gegangen wäre, oder dass er, wie in den Recognitionen, sich
selbst als lebendigen Beleg für die Astrologie hinstellt? Das
ästhetische Urtheil wird sich für Letzteres entscheiden. Die

---

1) Er sagt: Ἐλεήσας δὲ ὑμᾶς ἀνέμεινα, ὅπως ἐξίουσιν (ἐκ τοῦ
ἄντρου) προςομιλήσας πείσω μὴ ἀπατᾶσθαι, οὔτε γὰρ θεός ἐστιν οὔτε
πρόνοια, ἀλλὰ γενέσει τὰ πάντα ὑπόκειται. 14, 3.

ganze Erzählung muss der Greis in den Homilien als Fiction
vortragen, um die Erkennungsscene zu erschweren, doch
wozu das? Es hat gar keinen Sinn, man lese nur Hom.
14, 8, wie matt und lahm ist Alles. Der in dem verzwei-
felnden pessimistischen Alten seinen Vater gar nicht erken-
nende Clemens stellt erst noch Fragen über die Wohnung
des Greises, über den Namen seines Freundes, den die Geschichte eigentlich angeht, über den der Gattin und den der
Söhne. Dann läuft er zu seinen Brüdern und der Mattidia,
erzählt aber nichts, damit sie am Tauftage der Mattidia nicht
trauern sollen. Der Greis muss in das Haus kommen, die
Mattidia erkennen und so erst seine Familie wieder finden.
Wie ungeschickt die Fiction ist, dass der Greis seine Geschichte von einem dritten erzählt, zeigt auch die Antwort
auf Petrus Frage, warum er dies gethan habe, er gehöre
zur kaiserlichen Familie und habe nicht erkannt sein wollen,
um nicht wieder in eine bessere Lebenslage zu kommen. —
Die Spannung wird gar nicht erhöht, im Gegentheil, die
ganze Erzählung dehnt sich unnütz und wird langweilig.
Um wie viel ungekünstelter und ergreifender ist die Wiedererkennung in den Recognitionen. Als der Alte seine Geschichte beendet, drängen sich die Thränen in Clemens
Auge, Petrus gebietet ihm aber zu schweigen und setzt die
Unterredung fort, in der sich des Vaters tiefe Verzweiflung
in weniger Worten kund giebt; Petrus endlich, der von
Mattidia früher ihre Erlebnisse erfahren hat, vermittelt die
Wiedererkennung und Vereinigung der Familie, indem er
dem Alten seine drei Söhne auf einmal zuführt, die den
ohnmächtig hinsinkenden Vater in ihren Armen auffangen
und mit ihren Küssen bedecken. Diese Scene geschieht
öffentlich, das staunende Volk ist Zeuge derselben, der Lärm
ruft auch die Mutter herbei, die den Gatten umarmt, Petrus
endlich fordert die Menge auf sich zu entfernen, um der
neuvereinigten Familie Zeit und Raum zur traulichen Mittheilung zu geben. Wie lebendig, wie wirksam und dramatisch
ist hier alles, die vereinigte Familie rings von jubelndem

Volke umgeben, die sich durch die Haufen drängende Mutter, der seinen Schützlingen Ruhe schaffende Petrus; — wie
todt, langweilig und gezerrt die Darstellung der Homilien:
Clemens das Geheimniss auf der Zunge sitzt' schweigend
beim Male, das ganz unmotivierte Eintreten des Alten in das
Zimmer, wo die Angehörigen weilen u. s. w. — Das Original haben die Recognitionen, das ergiebt sich schon aus
ästhetischen Gründen, die Homilien enthalten eine künstliche
Verschlimmbesserung. Aber auch abgesehen von dieser rein
die Composition in's Auge fassenden Betrachtung, ist die
Darstellung der Recognitionen allein der Tendenz des Abschnittes angemessen. Die Astrologie soll widerlegt werden,
und der Greis beruft sich auf Thatsachen zu Gunsten derselben, gerade diese Thatsachen aber sprechen gegen die
Lehren des Greises. Daher fragt Petrus nicht ohne Absicht
vor dem Moment der Erkennung: Wenn ich dir heute dein
keusches Weib mit euern drei Söhnen wiedergebe, wirst du
dann deinen Aberglauben lassen? Nicht ohne Absicht lässt
der Dichter den Greis sagen, beides sei gleich unmöglich.
Ferner wird die Disputation vor dem Volke geführt, auch
das Volk soll vom Irrthum der Astrologie überzeugt werden,
so muss es also bei der Wiedererkennung als Zeuge da sein.
Dies ist in den Homilien, wo 14, 5 die Anweisung des Volks
den Clemens gerade veranlasst über die Astrologie zu reden,
völlig verwischt. Endlich aber schlägt die Darstellung der
Recognitionen zur Verherrlichung Petri aus, der alle Fäden in
der Hand hält und der zerstreuten Familie das Glück des
Wiedersehens schenkt, während ein gänzlich unmotivierter
Zufall in den Homilien dies Alles bewirkt, und Petrus als
ganz unnütze Person erscheint. Wie man sich gerade in den
Anagnorismen für die Originalität der Homilien erklären kann,
ist uns unbegreiflich, die syrische Bearbeitung stimmt übrigens in Hom. 14 ganz mit der griechischen.

Kehren wir nun zu unserer Untersuchung nach dieser
Abschweifung zurück, so haben wir aus der Recapitulation
des zehnten Buchs im Vergleiche mit der Rede des Clemens
im neunten geschlossen, die bardesaneischen Stücke seien

der älteren Recension fern gewesen, die Nachweissung, dass
der Zusammenhang bei ihrer Ausstossung nicht leidet, dürfte
nach der eben gegebenen Darlegung des Verhältnisses der
Recognitionen und Homilien zu einander, so wie nach dem
Erweise, dass die Recognitionen in ihrer Originalrecension
das Fatum eigenthümlich und selbständig widerlegt haben,
völlig überflüssig sein. Wir beginnen daher schliesslich eine
eingehendere Betrachtung der dem bardesaneischen Dialoge
entnommenen Stelle.

Sie ist in eine Rede des Clemens eingeschoben, in welcher dieser die Einwürfe des Faustinian, der auch einige
Sternconstellationen mit ihren Wirkungen aufgezählt, widerlegen will, und beginnt mit einer sich auch bei Euseb. fin-
denden Praep. evgl. 6, 9 zusammenfassenden Formel: Leges
sunt in unaquaque regione vel regno ab hominibus positae,
sive scriptura sive etiam usu durantes, quas nemo facile
transgredietur. Da sich diese auch bei Euseb. findet, so ist
es wahrscheinlich, dass sie der griechischen Uebersetzung
der syrischen Schrift angehört, die demnach ziemlich frei gewesen sein muss; im syrischen Texte, wie er heute liegt, hat
der Satz keine Stelle, ist vielmehr durch das vorangehende
ܐܪ ܗܝ ܕܠܝܐ ܕܠܐܐ ܠܗܘܠܕ ܠܘܐ ... ܚܠ ܡܢ ܘܗܘܐ
ܘܗܘܐ ܠܐ ܡܢ ܠܗܘܢ ܠܐ.ܗܝ?, woraus er entstanden scheint,
geradezu ausgeschlossen.

Auf diese Formel folgt das Gesetz der Serer, das mit
dem Text des Euseb. ziemlich stimmt bis auf den Schluss-
satz. In diesem weichen alle drei Recensionen ab:

Syrer.	Euseb.	Recognitionen.
Reiche und Arme,	πάντως πάσῃ ὥρᾳ	cum utique apud eos
Kranke und Gesun-	μεσουρανοῦτος τοῦ	per singulos dies
de, Herrscher und	Ἄρεος καὶ πάσῃ	Mars medium coeli
Beherrschte giebt	ὥρᾳ καὶ ἡμέρᾳ	circulum teneat.
es dort, weil dies	γεννωμένων τῶν	Sed est apud Seres
unter die Gewalt	Σηρῶν.	legum metus vehe-
der Lenker gesetzt		mentior quam Ge-
ist.		nesis constellatio.

Der Syrer bietet den engsten Zusammenhang mit der vorangehenden Gedankenreihe, der griechische Uebersetzer, den wir in Euseb. finden und als secundäres Original für den Interpolator der Recognitionen ansehen müssen, merzt die gnostischen Lenker aus, der Interpolator endlich lässt die letzten Worte Euseb's fort, in denen gerade die Beweiskraft der Induction liegt, und setzt an deren Stelle den Satz: sed est apud Seres etc., der seiner Gedankenreihe angehört, da er vorher sagt, nicht nur die Furcht vor dem göttlichen, auch die vor dem menschlichen Gesetze halte die Menschen vor der Sünde zurück. Original ist der Syrer, orthodox corrigiert Euseb, für den besondern Zweck zugeschnitten die Recognitionen.

In dem Gesetz der Brahmanen, wo, wie bei Euseb, die Baktrer erwähnt werden, setzt der Interpolator hinzu, neque adulterium committunt, was weder Syrer nach Euseb haben; Beweis genug, dass er es mit dem Texte nicht genau nahm. Euseb's Text ist, wie es scheint, selbst interpoliert, die Worte οἴνου καὶ σίκερος μὴ γενόμενοι wird Jemand, der das Naziräatgesetz Num. 6, 3 ἀπὸ οἴνου καὶ σίκερα ἁγνισθή-σεται im Gedächtniss trug, hinzugesetzt haben. Der Zusatz selbst deutet aber auf die Hand eines Judenchristen wie der p. 91 Note erwähnte apud Seres fas non esse, femininam post conceptum adiri. Dies letztere mieden auch die Essäer Joseph. B. J. 2, 8, 13 ταῖς δὲ ἐγκύμοσι οὐχ ὁμιλοῦσι, die Enthaltung vom Wein übten nicht nur die Rekabiten, sondern auch auch andere jüdische Asketen, Ruben z. B. sagt: οἶνον καὶ σίκερα οὐκ ἔπιον, καὶ κρέας οὐκ εἰσῆλθεν εἰς τὸ στόμα μου Test. Rub. 1, vgl. LXX Daniel 10, 3. Dies so wie das adulterium non committunt führen auf eine judenchristliche griechische Ueberarbeitung des Dialogs. Auch im Uebrigen sind die Recognitionen vom Syrer wie von Euseb abweichend. Im Gesetz der Perser ist der freie Zusatz deutlich zu erkennen. Wenn es heisst: Ac ne forte liceat his, qui mathesim sequuntur, uti illo perfugio, quo dicunt, certas quasdam esse plagas coeli, quibus propria quaedam habere conceditur, so ist dies nur eine Anticipation dessen, was später ausführlich bewiesen wird. Richtig ist diese Anticipation freilich, denn auch im Dialoge muss dies Beispiel gewählt sein, um der Lehre von den Climaten entgegenzutreten. Die gleiche Freiheit in der Benutzung des Originals zeigen die Recognitionen ebenso weiter. Wo der syrische Text sagt: Unter den Baktriern, die Kaschanen heissen, und wo Euseb den Namen der Kaschanen auslässt, da verwandeln die Recognitionen proprio Marte ohne Zweifel, das griechische παρὰ Βάκτροις in in Susis. Ein Volk der Suser giebt es nicht, sind die Bewohner von Susiana gemeint, dann ist der Ausdruck incorrect, und soll es die Stadt Susa sein, was bedeutet dann das in beim Ablativ?

Bei der Lücke im syrischen Text p. 16 ܠܫ‍ܟ .... ܐܠ ..... ܣ‍ܟܠܐܠ ܠܠ‍ܘ ܠ .... wo Euseb παρ᾽ Ἕλλησι δὲ καὶ οἱ σοφοὶ ἐρωμένους ἔχοντες οὐ ψέγονται bietet, da lassen die Recognitionen die ganze Stelle fort. Euseb aber hat, wie mir scheint, das Richtige; der Dialog stellt gern Gegensätze neben einander, um die Unabhängigkeit der Gesetze von den Sternen schlagender heraustreten zu lassen, so hier die Gleichgültigkeit der Griechen gegen die Päderastie und die Strenge der Orientalen gegen dieselbe [1]). Nach οὐ ψέγονται wäre dann .... ܣ‍ܟܠܐܠ ܠܠ‍ܘ etwa zu ergänzen in ܠܠ‍ܘ ܣ‍ܟ‍ܠܐܠ‍ܟ non vapulant, caeduntur. Das syr. ܣ‍ܟ‍ܠܐ‍ܘ, eigentlich geschmäht werden, ist wahrscheinlich euphemistisch zu verstehen, wenigstens giebt es Euseb durch ὑβρίζεσϑαι wieder, das in den Recognitionen durch muliebri substerni injuriae erklärt wird.

In der Zusammenstellung der brittischen Polyandrie und der parthischen Vielweiberei schliessen die Recognitionen mit einer allgemeinen Zusammenfassung: Utraque orbis pars moribus suis atque institutis obsequitur. Diese ist im Zusammenhange unpassend, da die Amazonen noch folgen, auch

---

1) Vgl. die Anm. bei der Uebersetzung.

hier hat der Interpolator nach Gutdünken gehandelt. Wo
der Einwurf der Climatenlehre gemacht wird p. 18, da ändert er seinem Verhältniss angemessen, und macht den Einwurf des Philippus im Dialog zum Selbsteinwurf des Clemens.
Wohin man also blickt, der Interpolator schaltet, wie man
es ja auch nicht anders erwarten kann, frei mit seinem
Originale.

Um nun endlich unsern Beweis dafür, dass die bardesanische Stelle in den schon vorher abgeschlossenen und
fertigen Text der Recognitionen ziemlich ungeschickt hinein-
gesetzt ist, zu vervollständigen, ist uns durch den günstigen
Zufall noch ein schwer wiegendes Argument geboten. Der
Greis, der nach dem Einschiebsel das Horoscop seiner Gattin beschreibt, führt auch vor dem Stücke des Dialogs einige
Sternconstellationen mit ihren Wirkungen an. Wie im alten
Texte der Uebergang von diesen zu dem Horoscop der Gattin gemacht war, lässt sich jetzt nicht mehr erkennen, die
Interpolation scheint bewirkt zu haben, dass ein Stück des
alten Textes ausgefallen ist; das aber ist noch sichtbar, dass
die Deutungen der Horoscope, die der Greis giebt, verschieden von den aus Bardesanes stammenden und dem Clemens
zugewiesenen sind. Es haben daher ohne Zweifel zwei verschiedene astrologische Theorien den beiden Schriften zu
Grunde gelegen, eine andere dem bardesaneischen Dialoge,
eine andere dem echten Recognitionentext. Hieraus folgt,
da die Recognitionen doch schon vor der Interpolation ihren
richtigen Zusammenhang gehabt haben müssen, die Priorität
des Recognitionentextes, der durch das Einschiebsel nur verdorben und undeutlich geworden ist. Die echten Recognitionen widerlegten das astrologische Fatum in der eigenthümlichen oben entwickelten Weise, indem sie den wahren
Grund des Bösen, die maligna virtus als Mysterium bezeichneten, das die Astrologen nicht kannten, die so ihrerseits
eine ganz irrige Lehre aufgestellt haben müssen.

Das schlagendste Beispiel für die verschiedene Astrologie
bietet eine Constellation dar, die der Greis IX, 17 in dem

echten Clementinentexte so beschreibt: Venus cum Luna in fini-
bus et domibus Saturni cum Saturno si fuerit, adstante Marte,
efficit mulieres quidem viragines, ad agriculturam, ad structu-
ram et ad omne opus virile promptas, misceri quibuscunque
voluerint et non argui a viris pro adulterio, nulla uti mollitie
etc. Ganz dieselbe Constellation erwähnt der Dialog bei Gelegenheit der Perser, von denen der Dialog Ehen in verbotenen
Graden berichtet. Dem Dialoge zu Folge bringt diese Constellation die unter ihr geborenen Menschen zum Incest, nach der
Theorie des Greises (und der den echten Recognitionen zu
Grunde liegenden) bringt sie männliche Weiber hervor. Die
viragines, welche der Greis unter dieser Constellation geboren werden lässt, leitet der interpolirte lat.-syr. Text im Gesetz
der Gelen aus der Stellung der Venus im Steinbock oder Wassermann ab. Der Schluss der Constellationen, die der Greis
aufzählt, ist unklar, und mich will bedünken, dass nach
dem Satze: Viros autem esse ut feminas nec quidquam virile
agere Cacodaemon Venus cum Marte si sit in Ariste efficit [1]); e contrario mulieres, si sit in Capricornu aut Aquario
... eine Lücke ist, zu mulieres fehlt eine nähere Bestimmung und zu dem mit e contrario beginnenden Satze das
Verbum. Ursprünglich war die Stellung beider Sätze gegen-
einander chiastisch, im ersten Satze steht das si sit am
Schlusse, im zweiten am Anfang. Diese Lücke, wobei man
nicht entdecken kann wie viele Constellationen der Greis
noch aufgezählt hat, ist durch den Interpolator entstanden.
Vergleicht man die zweite Rede des Greises, die ehemals
die Fortsetzung nach der Lücke bildete, dann wird es auch
deutlich, dass der Greis das Horoscop seiner Gattin im Zusammenhange und am Ende von andern Constellationen be-
schrieben hat. Er beginnt die zweite Rede IX, 32 mit: Novi
enim **et** meam genesin. Was soll dies et, wenn nicht unmittelbar andere geneses vorangegangen sind? Das kleine

---

1) So ist die Interpunction zu setzen, vor efficit ist sie gestellt,
um das Verbum auf beide Sätze beziehen zu können, da man die Lücke
nicht bemerkte.

Wörtchen dient zum sichern Beweise, dass die Rede des Greises durch das bardesaneische Stück zersprengt ist.

Die gegebene Nachweisung des ursprünglichen Zusammenhangs der Recognitionen mit ihrer Originalwiderlegung des Fatums und die Darlegung der in dem Dialoge herrschenden andern Astrologie genügen, um den bardesaneischen Stücken den Charakter der Interpolation zu vindicieren, das Wörtchen et ist ein arger Verräther; dazu aber kommt als letztes Zeugniss die Hand des Interpolators selbst, welche den durchbrochnen Zusammenhang wieder herzustellen versucht. Vor der Interpolation sagt der Greis: Conscius mihi sum quorundam, ex quibus bene novi, quia compaginatione stellarum etc. und hiermit deutet er auf sein eigenes Schicksal. Dieselbe Hindeutung will auch der Interpolator wieder herstellen, wenn er in der von ihm fabricierten Einleitung der zweiten Rede des Greises, diesen sagen lässt: a propria conscientia prohibeor accommodare consensum; sogar die Worte conscius und conscientia decken sich. Die echte Rede des Greises schloss sich mit den Worten novi enim et meam genesin an das Vorangehende, um wieder in Zusammenhang zu kommen, wiederholt der Interpolator den schon oben ausgesprochenen Gedanken.

Die Ungeschicklichkeit des Interpolators bekundet sich ebenso in dem gleich Folgenden. Er lässt seinen Greis zu Clemens sprechen: Quoniam te adprime imbutum video in hujuscemodi disciplinis, (die ganze astrologische Weisheit, von der Clemens in den echten Recognitionen und auch in Hom. gar nichts versteht, hat ihm der Interpolator erst aus Bardesanes zufliessen lassen), audi conjugis meae thema et invenies schema cujus exitus accidit. Nach dieser Rede wäre es doch mindestens billig, dass Clemens das Schema aufstellte, oder sein Unvermögen erklärte, allein der Interpolator lässt den Greis ruhig fortfahren: Habuit enim Martem etc., quod schema adulteras facit et servos proprios amare etc. Gerade so hat natürlich der Alte in dem ursprünglichen Texte, dem der Astrologie unkundigen Clemens

die Sache auseinandergesetzt, der Ueberarbeiter lenkt hier
völlig in den alten Zusammenhang ein. Doch sapienti sat,
die Recognitionen sind eben interpoliert.

Das Endergebniss unserer Untersuchung ist sonach dies:
Als die bardesaneischen Stellen in die Recognitionen einge-
tragen wurden, lagen dieselben bereits wesentlich in der
jetzigen Redaction vor, die Einschiebsel ziehen sich durch
das ganze Buch, lib. 3, 5, 8, 9, sie sind überall leicht abzu-
lösen, und der alte Text lässt sich an allen Stellen annähe-
rend herstellen.

Wir sind zu dieser Erörterung veranlasst, weil die Stelle
des 9ten Buches von Uhlhorn benutzt ist, um mit ihrer
Hülfe die Priorität der Homilien gegen die Recognitionen zu
behaupten. Dieser Benutzung derselben widersetzt sich
Ritschl (Entstehung der altk. K. 1. Ausg. p. 186) und nach
ihm Hilgenfeld[1]). Wir haben aber gesehen, dass die
Interpolation vollzogen ist, als die Endredaction der Recognitionen schon abgeschlossen war, die Benutzung des Dialogs
kann daher in dem Streit um die Erstgeburt in der clementinischen Familie nach keiner Seite hin entscheiden. So
wenig aber Uhlhorn im Rechte ist, ebenso wenig sind
Ritschl und Hilgenfeld hier im Recht, wir glauben gezeigt zu haben, dass die Einschiebsel den alten Recognitionen, deren höhere Ursprünglichkeit Hilgenfeld mit Recht
behauptet hat, fremd waren, und in Folge davon müssen
wir sie auch dem bardesaneischen Dialoge vindicieren. Nicht
der Verfasser des Dialogs ist der Abschreiber, sondern der
Interpolator der abgeschlossenen Recognitionen hat den Dialog ausgeschrieben.

Obwohl es nun höchst wünschenswerth wäre, die Zeit
der Interpolation zu bestimmen, so mangelt doch dafür jeder
Anhalt. Man könnte zwar daraus, dass Origines, ungefähr
245, die den wesentlichen Inhalt des neunten Buchs recapi-
tulierende Stelle des zehnten im Commentar zur Genesis

---

1) Theol. Jahrb. 1854. S. 529.

(Opp. ed. Ruae II. p. 22) ausschreibt, schliessen, dass im Jahre 245 die Interpolation noch nicht vollzogen war, da Origenes bei seinem Zwecke gegen die Astrologie zu kämpfen, in den Interpolationen eine schlagendere Widerlegung gefunden hätte; allein dieser Schluss ermangelt der Bündigkeit. Origenes konnte es seinem Zwecke angemessener finden, die Astrologie durch die Betrachtung der göttlichen Vorsehung zu widerlegen, er konnte die Einschiebsel als unzweckmässig bei Seite liegen lassen. Das origineische Citat kann für die Zeitbestimmung der Interpolation kein Licht bringen. Uebrigens ist die ganze Stelle auch insofern sehr bemerkenswerth, als sie eine dem heutigen zehnten Recognitionenbuch entnommene Stelle, mit dem sich, was die Widerlegung der Astrologie betrifft, die vierzehnte Homilie deckt, als aus einem vierzehnten Buche entnommen aufführt. Diese älteste Anführung ist für den Abschluss der beiden clementinischen Körper, der Homilien und der Recognitionen nicht beweisend, im Gegentheil, sie mehrt die Räthsel. Dass die bardesaneischen Stücke in den syrischen Recognitionen fehlen, will wenig besagen, der zweite Theil der syrischen Bearbeitung deckt sich mit den griechischen Homilien, wie der erste mit den Recognitionen I—III; die Interpolation fehlt daher in den Homilien ebenso, wie in dem den Homilien entsprechenden Theile der syrischen Uebersetzung; es bleibt hier noch viel zu erläutern und zu entdecken. In einem wichtigen Puncte wird indessen die clementinische Frage bald weiter gefördert werden, der Herausgeber des syrischen Textes, wird bald auch eine diplomatische Ausgabe der lateinischen Recognitionen veröffentlichen und hoffentlich nicht lange mehr auf die den Syrer mit umspannenden, neues Licht bringenden Untersuchungen über die Bildung der clementinischen Literatur warten lassen. Durch die Hineinziehung des Syrers in die Untersuchung werden ganz unerwartete Resultate an den Tag kommen und vielleicht die ganze Frage, zu deren Lösung wir hier unsererseits einen Beitrag liefern, ihren Abschluss finden.

Nachträge.

Erst als der Druck der vorstehenden Untersuchungen schon vollendet war, habe ich Land's Anecdota syriaca (Leyden 1862) gelesen, und die dort gegebenen Bemerkungen und Notizen veranlassen mich dem schon Gesagten noch Einiges hinzuzufügen.

Herr Land erkennt in seinem Excurse p. 51 ebenso wie ich den bardesaneischen Ursprung des Buchs über die Gesetze der Länder nicht an. Aus der Unechtheit folgerte ich p. 14, dass der Dialog nicht dem Antoninus um 165 übergeben sei, woraus sich dann weiter ergab, dass das Geburtsjahr des Bardesanes von Hahn zu früh angesetzt ist und dass gegen die Angabe der Edessener Chronik nichts eingewendet werden kann. Herr Land dagegen benutzt eine Stelle des Buches von den Gesetzen der Länder, um zu beweisen, dass der Gnostiker in früherer Zeit eine Schrift zur Vertheidigung der Astrologie geschrieben habe, die er später selbst bekämpfte, und unterscheidet die von Euseb H. E. 4, 30 $\pi\varepsilon\rho i$ $\varepsilon i\mu\alpha\rho\mu\acute{\varepsilon}\nu\eta\varsigma$ genannte Schrift von der durch Epiphanius bekannten $\varkappa\alpha\tau\grave{\alpha}$ $\varepsilon i\mu\alpha\rho\mu\acute{\varepsilon}\nu\eta\varsigma$. Die letztere soll unser syrisch erhaltenes Buch sein, die erstere der verloren gegangene Dialog an den Kaiser Antoninus. Allein diese Unterscheidung von zwei Schriften, die an sich zwar möglich wäre, ist in dem vorliegenden Falle nicht zuzugeben, wir müssen vielmehr behaupten, dass das Buch $\pi\varepsilon\rho i$ $\varepsilon i\mu\alpha\rho\mu\acute{\varepsilon}\nu\eta\varsigma$ dasselbe ist wie das $\varkappa\alpha\tau\grave{\alpha}$ $\varepsilon i\mu\alpha\rho\mu\acute{\varepsilon}\nu\eta\varsigma$, und die folgende Bemerkung mag dazu dienen das p. 9 Gesagte zu erhärten, da dort nur

8 *

im Allgemeinen behauptet ist, das von Euseb H. E. 4, 30 und
Epiphanius haer. 56 erwähnte Buch sei dasselbe.

In dem ganzen sechsten Buche der praeparatio evangelica beschäftigt sich Eusebius auf das Angelegentlichste damit, den Irrthum des Fatums und der damit zusammenhän-
genden Astrologie zu widerlegen. Es genügt ihm seinen
heidnischen Gegnern gegenüber nicht, sich auf das εἶπεν ὁ
ϑεός· γενηϑήτω καὶ ἐγένετο zu berufen, er will vielmehr durch
andre Beweise das Unsinnige und Unsittliche jenes Glaubens
darthun, und gleich im Anfang sagt er so: Sieh nun aber
zu [1]), ob nicht auch Dir, die der göttlichen Wirkung ent-
fremdete Rede über solche Dinge zusammenfällt, auf Grund
dessen, was ich Dir von der Widerlegung des Schicksals
vorbringen werde, und aus der Art wie die Mantik betrie-
ben zu werden pflegt! Er führt dann eine Reihe von heidnischen Schriftstellern, auch Aristoteles unter ihnen auf, die
alle gegen die Wahrheit des Schicksals zeugen, zum Schlusse
lässt er den Bardesanes reden und citiert 6, 10 die beiden
Stellen unseres Dialoges, dessen Einwirkung auf Eusebius
auch 6, 6 schon sichtbar ist. Wenn nun Euseb ein so er-
bitterter Gegner der Astrologen ist, dann wird er eine Schrift
περὶ εἱμαρμένης, in der die Astrologie vertheitigt wird, gewiss nicht loben; oder glaubt man wohl, dass er dies etwa
wegen der äusserlich schönen Form und Darstellung gethan
haben könnte? Mich dünkt, er würde eher gesagt haben,
ein solches Buch sei ein wohlschmeckendes Gift.

Ist es aber nicht anzunehmen, dass der cäsareensische
Bischof das die Astrologie vertheidigende Buch eines Gnosti-
kers mit ehrenden Beiwörtern bezeichnet, so hat er auch
H. E. 4, 30 sicherlich keine bardesaneische Schrift, zu Gunsten der Astrologie verfasst, und περὶ εἱμαρμένης betitelt,

---

1) Euseb. praep. ev. 1, 1. *Σκέψαι δ᾽ οὖν εἰ μὴ καί σοι, θείας
ἀλλότριος ὢν δυνάμεως ὁ περὶ αὐτῶν ὑποπεσεῖται λόγος ἔκ τε ἀν
παραθήσομαι ἀνατρεπτικῶν τοῦ περὶ εἱμαρμένης καὶ αὐτόθεν ἐκ τοῦ
τρόπου, καθ᾽ ὃν τάς μαντείας ποιεῖσθαι λέγονται.*

gemeint, denn er nennt sie ὁ πρὸς Ἀντωνῖνον ἱκανώτατος περὶ εἱμαρμένης διάλογός. Ἱκανώτατος kann ihm ein Dialog, der die entsittlichende und religionsfeindliche Astrologie vertheidigt, nimmermehr sein. Hiermit fällt aber Herrn Land's Unterscheidung der beiden Schriften in sich zusammen, da es doch nun überaus wahrscheinlich ist, dass der ἱκανώτατος διάλογος derselbe ist, der dem Euseb in der praeparatio evangelica zur Widerlegung seiner Gegner ein so reichliches Material lieferte. Soviel ergiebt sich zunächst wenigstens mit Sicherheit, dass der Dialog περὶ εἱμαρμένης nicht das Buch sein kann, auf welches Bardesanes selbst im Buche der Gesetze der Länder p. 10 nach Land hindeuten soll. Auf diese Weise kann das Zeugniss des syrischen Buches jedenfalls dem von Euseb genannten περὶ εἱμαρμένης nicht zu Gute kommen, und die Frage nach der Echtheit und Ueberreichung dieses Werkes hängt nun rein an der Richtigkeit unserer Zeitbestimmung für die Geburt des Bardesanes. In diesem Puncte aber glauben wir uns von der Angabe der edessener Chronik nicht entfernen zu dürfen, welche sich mit dem Berichte von der indischen Gesandtschaft an Heliogabal (Ἀντωνῖνος ὁ ἐξ Ἐμισῶν) und mit der Notiz des Abul farag', Bardesanes habe unter Commodus gelebt, wohl zusammenreimt, während die Zeitbestimmung des Euseb, deren Quelle wir nicht einmal kennen, der Localchronik gegenüber kein Gewicht haben kann. Epiphanius endlich verdient gar keine Berücksichtigung, da er sich, wie p. 13 gezeigt ist, in Betreff der Zeitrechnung über den Tod des Abgar bar Mânu und des Lucius Verus in völliger Unklarheit befindet.

Wen es nun, wie mich, unglaublich dünkt, dass ein Knabe von zwölf Jahren dem Kaiser einen Dialog überreichen konnte, der doch ohne Zweifel astronomische und mathematische Kenntnisse, abgesehen von der nöthigen philosophischen Vorbildung, voraussetzt, der wird dann auch annehmen müssen, Euseb's ganzer Bericht sei irrig, und er wird es wahrscheinlich finden müssen, die Erzählung beruhe auf

einer falschen Combination, zu der das Buch von den Gesetzen der Länder dann die Veranlassung gab, wie wir p. 16
angenommen haben.

Betrachten wir nun die Stelle des Dialogs, welche beweisen soll, dass Bardesanes einmal der Astrologie ergeben
gewesen ist, p. 9, so handelt es sich um die Uebersetzung
der Worte ܐܡܠܝ ܐܬܡܠܝ ܡܢ ܠܕܝܢ ܐܬܡܠܝ, welche von Cureton
und Land wiedergegeben werden: Nam a me ipso alio loco
dictum est, während ich sie übersetzt habe: Denn mir wurde
an einem andern Orte gesagt (genauer, ist gesagt worden).
Ich fasse somit die folgenden Worte als eine Meinung, welche dem Bardesanes gegenüber aufgestellt ist, dann erwähnt
er noch zwei andere Ansichten, bis er endlich sein eigenes
Urtheil dahin fällt, dass alle drei unrichtig sind. Zunächst
wird man zugeben, dass es sonderbar wäre zu sagen: Ich
habe ausgesprochen, ... Andere meinen, ... wieder Andere
meinen, ... mir hingegen scheint, das alles dies unrichtig
ist; dies wäre aber der Gedankenfortschritt der Stelle, wenn
die fraglichen Worte mit Land und Cureton übersetzt werden. Sollte der Redner mit keiner Sylbe andeuten, dass er
seine frühere Meinung geändert habe? Erwartet man nicht
mindestens: Jetzt hingegen scheint mir?

Eben dies hat mich bewogen das ܠܕܝܢ ܐܬܡܠܝ zu übersetzen: mir ist gesagt. Es ist zwar richtig, dass ܠ beim
Passiv meist mit von zu geben ist, ܝܬܕܒܪ ܡܢܗ von ihm ist
macht, auch wird Röm. 9, 13 ܡܢ ܟܬܒܐ von Bücherstellen gebraucht, die Möglichkeit aber ܠ beim Passiv dativisch zu
fassen, bleibt offen. Hierauf führen wenigstens manche
Psalmüberschriften in der Peschiṭtha, denn während Ps. 52
ܠܐܣܦ ܐܡܝܪ gesprochen von Assaph heissen muss, und
das ܠ Lamed auctoris ist, bleibt es Ps. 51 nach dem üblichen
ܠܡܥܪ bei dem folgenden ܐܫܬܒܚܬܐ ܐܡܝܪ ܝܠܕ ܠܢ
zweifelhaft, ob zu verstehen ist: Von uns wird das Lied

gesprochen als Lehre, oder: Für uns ist es gesprochen worden. Ebenso Ps. 33 ܠܢ ܪܘܚܢܐܝܬ ܡܬܐܡܪ: Von uns wird es in geistlicher Weise gesprochen, oder: Für uns ist es in geistlicher Weise gesprochen. Hier möchte sich die Wage wohl zu Gunsten der zweiten Fassung entscheiden, zumal in parallelen Stellen für das zweideutige ܐܬܐܡܪ ܠܢ unzweifelhaft dativische Wendungen eintreten Ps. 53, ܘܠܢ ܦܩܕ ܠܢ Ps. 54, ܘܠܢ ܕܝܠܢ ܗܘܐ ܠܝܚܝܕܐ, Ps. 59 ܘܠܢ ܕܝܠܢ ܡܚܣܝܢ. Ps. 60 ܘܠܢ ܡܚܣܢܝ ܠܢ u. s. w. Ebenso ist die Wendung dativisch, Ephr. Hymn. in Häres. 3. p. 443 D.: Der kann nicht der Höchste sein ܗܘ ܕܡܠܚܡ ܗܘ ܠܗ ܡܕܡ ܕܫܘܐ ܠܗ, cui sociatum est aliquid, quod ei par est, nicht a quo sociatum est. Ueberdies ist es auffallend, dass in den vielen Stellen des neuen Testaments, wo Propheten angeführt werden, die Worte *τὸ ῥηθὲν διὰ* oder ähnliche nie mit ܕܐܡܝܪ ܒܝܕ gegeben werden, sondern mit ܡܢ und ܒ. Das Particip ܐܡܝܪ ist ausserdem ungewöhnlich, meist steht ܐܬܐܡܪ, und dies geht so weit, dass Act. 23, 40. Röm. 4, 18 die Peschittha von ihrer Wörtlichkeit ablassend *τὸ εἰρημένον* mit ܟܬܝܒ übersetzt. Die Wendung ܕܐܡܝܪ ܒܝܕ scheint nicht beliebt gewesen zu sein, und warum dies, wenn nicht ihrer Zweideutigkeit halber? Bleibt nun die Möglichkeit der dativischen Fassung für dies ܐܡܝܪ ܠܢ übrig, so ist dieselbe in Anbetracht des Sinnes vorzuziehen, und das Selbstzeugniss des Bardesanes fällt fort. Doch auch selbst in dem Falle, dass man bei der ablativischen Fassung stehen bleiben muss, werden die oben über Euseb's Feindschaft gegen die Astrologen gemachten Bemerkungen genügen, um zu verhindern, dass Euseb's *ἱκανώτατος διάλογος* mit dem hier möglicher Weise angedeuteten astrologenfreundlichen Werke identificirt wird. Endlich bliebe in diesem Falle auch noch zweifelhaft, ob die von Bardesanes gesprochenen Worte (ܕܐܡܝܪ ܠܢ),

auch aufgezeichnet sind, das einzig Sichere, was sich aus unserer Stelle folgern lässt, wenn die ablative Fassung unausweichlich ist, wäre, dass Bardesanes früher der Astrologie ernstlich ergeben gewesen ist, was er ja auch kurz zuvor selbst sagt. So viel hätte ich über Herrn Land's Excurs zu bemerken.

Die Anecdota syrica bringen noch zwei Mittheilungen über Bardesanes, die erste lautet p. 18 ܟܣܐ ܩܪܝܐ ܡܥܠܡ ܗܘܐ ܗܒܪܪܝ ܗܘܐ ܡܥ ܗܗܝ ܗܒܗ ܗܝ ܪܥܒܠܘܢ (nicht ܐܪܒ Geiger Zeitschrift der d. m. G. XVII. p. 757), d. i. im Jahre 479 wurde Bardesanes bekannt, der die Lehre des Valentinus aufsprudeln machte[1]). Bardesanes Auftreten wird also um 168, vielleicht um 170 angesetzt (vgl. Schol. in librum Chalifarum p. 167, wo Christi Geburt auf 309 der griechischen Aera gesetzt wird), diese Angabe entstammt aber den griechischen Vätern, wie Herr Land selbst p. 168 vermuthet, dem Califenbuche liege eine syrische Uebersetzung von Euseb's chronicon zu Grunde. Die Zeitbestimmung ist daher der edessener Chronik gegenüber nicht als selbständig zu betrachten, und ihr Gewicht schwindet um so mehr, als dicht daneben sehr irrige Jahreszahlen aufgeführt werden. So soll Jerusalem durch Titus 65 (67?) p. Chr. erobert, und dabei der Geschichtsschreiber Josephus umgekommen sein, um 249 (251?) soll der arianische Kaiser Valentin eine Christenverfolgung angestellt haben, wobei offenbar Decius verwechselt ist, bald darauf heisst es gar, Sabellius habe 117 p. Chr. gelebt zur Zeit Hadrians, so dass durch diesen Zusatz die Möglichkeit eines Textfehlers geradehin ausgeschlossen ist. Ich glaube, nach diesen Pröbchen aus der Chronologie des Chalifenbuchs wird man keine Lust verspüren, es gegen die edessener Chronik in's Feld zu führen, wiewohl hiermit der Werth anderer Zahlen, der der Califen-

---

1) In diesem Sinne steht ܐܪܐ z. B. Ephr. adv. Haer. hymn. 41. p. 531 von Marcion: ܐܪܐ ܢܗܠ ܕܪܡܝ ܕܥܒܗ ܠܬܘܗܘܝ

reihe p. 40, z. B. nicht angegriffen werden soll; das ganze
Buch scheint aus Quellen der verschiedensten Zeit und Auctorität zusammengesetzt zu sein.

Die Behauptung des Chalifenbuches, dass Bardesanes
die Lehre des Valentin wieder aufsprudeln liess, hat dagegen eine gewisse Wahrheit, wenn auch die Zahl der Aeonen
und ihr Verhältniss zu Gott und Welt in beiden Systemen
verschieden sind. So nennt Bardesanes die Schliṭâne, Medabbrâne u. s. w. Ilje und Gott Ilja, die Valentinianer nann-
ten die Aeonen wie den Logos λόγοι (Clem. Al. ἐκ τῶν Θεο-
δότου κατὰ τοὺς Οὐλεντίνου χρόνους ἐπιτομαί. Sylb. p. 338).
Beide Systeme waren in der Anthropologie trichotomistisch,
nach Bardesanes tritt die ψυχὴ in das σῶμα, nach Valentin
ist ein Mensch im Menschen, ein psychischer in einem choi-
schen, nicht als Theil im Theile, sondern als Ganzer im
Ganzen (῎Ανθρωπός ἐστιν ἐν ἀνθρώπῳ, ψυχικὸς ἐν χοϊκῷ,
οὐ μέρος μέρει, ἀλλὰ ὅλος ὅλῳ συνών ib. p. 341). Das Sar-
kische kämpft nach Röm. 7, 23 gegen das Psyschische und
muss gefesselt werden, sonst verfällt der Mensch der Hölle
(φυλακῇ) und der Strafe, und es wird ζιζάνιον genannt,
συμφυὲς τῇ ψυχῇ, τῷ χρηστῷ σπέρματι τοῦ διαβόλου, verbunden mit der Seele, einem (dann) brauchbaren Samen des
Teufels. Ebenso nennt Bardesanes die Menschen, welche
nichts Gutes thun wollen, ﻝﺍﻣﺰ, ζιζάνια, Dial. p. 5, und
dieser Ausdruck wird erst durch die Stelle des Theodotus
Sylb. p. 341 deutlich. Der Gebrauch des Wortes ζιζάνια bei
den Syrern scheint darin seinen tiefern Grund zu haben, dass
ihnen das Wort an זנות anklang, wobei sie an die Verderb-
niss der Menschen vor der Sintfluth oder an den Fall der
Engel dachten. So sagt Bartenora: Cum corrupissent homines diluvii viam suam, terra quoque adulteravit fructus
suos, fuerunt serentes triticum et terra produxit zizania.
Buxt. lex. chld. s. v. זונין. Das Pneumatische ist beiden
Systemen das σωζόμενον, der ψυχὴ eignet das αὐτεξούσιον,
das ὑλικὸν φύσει ἀπόλλυται, beide leugnen daher die Auf-

erstehung des Fleisches. (Ib.) Bardesanes macht in der p. 66 angeführten Stelle der *Ἰνδικὰ* einen Unterschied des *δεξιὸν* und *ἀριστερὸν*, parallel dem des Männlichen und Weiblichen, hieraus ergeben sich die Syzygien, von denen nach dem Lehrbegriff der Clementinen das Unvollkommene, Linke, Weibliche immer zuerst in die Erscheinung tritt. So lehrten auch die Valentinianer: *ἀλλὰ καὶ εὐώνυμοι δυνάμεις πρῶται προβληθεῖσαι τῶν δεξιῶν ὑπ' αὐτῆς*, es giebt auch linke Kräfte, die von ihr (von der Ennoia?) früher als die rechten ausgegangen sind [1]. Christus hat in beiden Systemen einen himmlichen und keinen irdischen Leib, beide benutzten auch Eph. 4, 10 *ἀναβὰς αὐτὸς καὶ καταβὰς* zum Beweise hierfür Clem. Al. Sylb. p. 340. Endlich hat das valentinische System auch über die Sterne ähnliche Anschauungen wie Bardesanes, dessen Vorstellungen jedoch schon bei Weitem geklärter sind. Clem. Al. Sylb. p. 350 fin. führt aus Theodotus an, die Gestirne sein Körper, die am Pneumatischen Theil hätten und den vorstehenden Engeln dienten. Sie sein nicht Ursache der Genesis, wohl aber Anzeichen für das, was ist, sein wird und war, in Betreff der Wetterveränderungen, der Fruchtbarkeit und der Dürre, der Pesten und Feuersbrünste, auch in Betreff der Menschen. Sie werden mit dem bedeutungsvollen Traume verglichen, der die Wirkung nicht schafft, gleich ihm deuten die Sterne nur an:

τὰ τ' ἐόντα, τὰ τ' ἐσσόμενα, πρὸ τ' ἐόντα.

Ebenso schreibt Bardesanes den Gestirnen Einfluss zu, doch ist dieser beschränkt durch die Naturnothwendigkeit und durch die Freiheit, wenn sie daher bei Theodotus *τῶν ἐπὶ ἀνθρώπων γινομένων σημαντικὰ* sind, so ist dies bei Bardesanes für das ganze Reich der Freiheit nicht gültig. Dies wären eine Reihe von Berührungen Valentin's mit Bardesa-

---

1) Ueber die Construction des comparativischen *πρῶται* mit dem Genitiv, vgl. Schol. Aristoph. Nub. 552. Vol. I. p. 242. Dind. *δῆλον δὲ, ὅτι πρῶτος ὁ Μαρικᾶς ἐδιδάχθη τῶν δευτέρων νεφελῶν.*

nes, von dem aber nach der obigen Darstellung seines Lehrbegriffs behauptet werden muss, dass er durch seine grössere Einfachheit und seine sittliche, practische Richtung der grossen Kirche näher steht als sein Vorgänger.

Eine wirkliche Bereicherung unserer Kenntniss verdanken wir schliesslich noch Herrn Land, welcher in den Anecdota p. 32 die Namen der Zodiacalbilder der Bardesanisten mittheilt. Einzelne weichen von den gewöhnlichen ab, und stimmen mit denen der Mandäer überein, die ich, wie sie mir von Herrn Professor Petermann mitgetheilt sind, hier mit seiner Erlauniss hinzusetze. Ich entlehne so auch Herrn Land um Alles, was wir über Bardesanes haben, zusammenzufassen, die bardesaneischen Namen.

	Bardesanes.			Mandäer.	
Widder	ܐܟܪ	rabb.	טַלְיָא	עמברא	Embra
Stier	ܬܘܪ			תורא	Taura
Zwillinge	ܬܐܡܐ ܣܠ̈	rabb.	תְּאוֹמִים	צלמיא	Silme
Krebs	ܣܪܛܢܐ			צרטנא	Sarṭana
Löwe	ܐܪܝܐ			אריא	Arja
Jungfrau	ܫܒܠܬܐ	rabb.	בְּתוּלָה	שומבלתא	Schumbella
Waage	ܡܣܐܬܐ	rabb.	מאׁזְנַיִם	קינא	Qaina, syr. ܩܣܛܐ
Scorpion	ܥܩܪܒܐ			ארקבא	Arqba
Schütze	ܩܫܬܐ ܢܒܠ	rabb.	קֶשֶׁת	חטיא	Hiṭja
Steinbock	ܓܕܝܐ			גדיא	Gadja
Wassermann	ܕܘܠܐ	rabb.	דְּלִי	דולא	Daula
Fische	ܢܘܢܐ			נונא	Nuna.

Für die Zwillinge findet sich ܬܐܡܐ ܣܠ̈ = צלמיא auch sonst (Bernst. Chrest. p. 71), der Name der Jungfrau ܫܒܠܬܐ = שומבלתא Schumbella, die Aehre ist anderweitig nicht bekannt, und das etymologisch undeutliche ܡܣܐܬܐ scheint

neben קימא doch aus den zwei Wurzeln קין und שלם zusam-
mengewachsen zu sein. קימא selbst ist freilich auch nicht
leicht zu verstehen, man kann zwischen dem rabb. קַיָּן testi-
culosus und dem arab. قَانَ cudit wählen, warum könnte das
Sternbild nicht einfach Schmid heissen, wie Schütze und
Wassermann?

Da ich in diesem Nachtrage einmal dazu gekommen bin
eine mir entgegenstehende Meinung zu bestreiten, so mag
schliesslich auch noch E w a l d 's gedacht werden, der in der
Recension des Spicilegium syriacum Götting. gel. Anz. 1856
p. 652 sich über das Buch der Gesetze der Länder geäussert
hat, wiewohl ich dies ursprünglich vermeiden wollte. E w a l d
stellt ohne weiteres auf, der syrische Text sei wahrschein-
ich aus dem Griechischen übersetzt, beispielsweise führt er
p. 14 ܟܣܝܐ an, wo der Text des Euseb ϑήρα also ܟܣܝܐ
vorzuziehen sei. Dem ist indessen keineswegs so, vielmehr
ist das Syrische richtig, wie die gleichfolgenden Worte beweisen. Es liegt dem Redner daran, den Genuss von Menschenfleisch als eine gleiche Gewohnheit darzustellen, wie
es die andre Völker ist Thierfleisch zu essen. Dass nun die
guten Sterne nicht auf diese Gewohnheit wirken, dass sich
vielmehr die Menschen von ihren Gewohnheiten leiten lassen
trotz der Sterne, das ist es gerade, worin die Beweiskraft
der Stelle liegt, von Jagd oder dergleichen kann hier gar
nicht die Rede sein. Doch um hier den Leser nicht wieder
mit Einzelnheiten zu belästigen, da im vierten Abschnitte
manche Stellen beigebracht sind, so wollen wir nur auf die
Unwahrscheinlichkeit aufmerksam machen, die der Annahme
eines griechischen Originals entgegensteht. Bardesanes war
Syrer und schrieb nach allen Zeugnissen, vgl. besonders
Moses Choren. II, 63, in seiner Muttersprache. Seine Anhänger sind im Orient geblieben, und seine Lehren nie im
Occident ausgebreitet. Wenn für das Buch der Gesetze der
Länder ein griechisches Original angenommen würde, so
hätte dieselbe griechische Original nothwendiger Weise wie-

der selbst ein syrisches zur Voraussetzung, mindestens müsste man annehmen, Bardesanes Lehre sei vorher auch unter Griechen bekannt gewesen, wovon sich jedoch keine Spur findet. Im Einzelnen betrachtet wird die Unwahrscheinlichkeit fast zur Unmöglichkeit, und die wenigen griechischen Wörter φύσις, αἵρεσις und στοιχεῖα, die der Dialog enthält, können dagegen nichts bedeuten, da das Aramäische schon Jahrhunderte vor der Abfassung des Dialogs mit Griechischem versetzt war. Ich erinnere nur an קיתרס, פסנתרין und סומפניה im dritten Capitel des Daniel. Betrachtet man nämlich die Kunstausdrücke des Systems näher, so zeigt sich, dass ihre griechischen Aequivalente sich bei keinem einzigen Gnostiker finden, und dass sie dies ihrem ganzen Sinne nach nicht können, weil die Grundlagen des bardesaneischen Systems ganz eigenthümliche sind.

Eben diese Grundlagen sind durchaus nicht, wie Ewald meint, in der „zarathustrischen Weltansicht", das hiesse also im Dualismus, sondern vielmehr in dem Monismus zu suchen, der den Semiten eigenthümlich ist. Er bildet so wesentlich die Grundlage des ganzen Systemes, dass es unbegreiflich schiene, wie Ewald dies verkennen konnte, wenn er sich nicht durch die Angaben des Schahrastâni, die freilich nur die manistisch umgebildete Schule des Bardesanes betreffen, zu seiner Auffassung hätte verführen lassen. Bardesanes ruht mit seiner Lehre; wiewohl er Christ ist, auf demselben aramäischen Heidenthum, von dem auch die harranischen Sabier ausgegangen sind. Was ihn zum Haeretiker macht, das ist die Annahme der Astralgeister und ihrer Einwirkungen, und dies entstammt dem aramäischen, ja setzen wir hinzu dem allgemeinen semitischen Heidenthum. Auch der heidnische Kult der Araber ruht ja auf dem Gestirndienst, und was soll das Umkreisen heiliger Steine (طواف) anders symbolisiren, als den Wandel der Gestirne am nächtlichen Himmel? Wie nun selbst den heidnischen Arabern der Begriff des höchsten Gottes, des الله تعالى, neben den untergeordnetem Wesen, den Töchtern

Gottes (بنات الله) nie verloren gieng, so haben auch die
Ṣabier nur ein höchstes Wesen, und das bardesanische System als ein christliches hält dies natürlich noch bei weitem
fester, es zeigt auch nicht die entfernteste Spur von der
„zurathustrischen Weltansicht." Der höchste Gott der Ṣabier bekümmert sich um die Welt nur im Allgemeinen, das
Einzelne überlässt er den Planeten anzuordnen. Bardesanes
Gott leitet zwar die Welt und hat sie jederzeit völlig in der
Gewalt, aber die Gestirne haben auch ihre Macht; in jenem
ist der Einfluss des Christenthums sichtbar, in diesem zeigt
sich die heidnisch-semitische Grundlage. Einem zweiten
ṣabischen Dogma, dass die Gebete nicht an den höchsten
Gott, sondern an die auf den Planeten lebenden Untergötter
zu richten sein, musste Bardesanes selbstverständlich entgegentreten, weniger nothwendig war dies in Betreff der
Astrologie, die sich noch weit später innerhalb des Christenthums zeigt. Allein bei den Sabiern war diese Lebens-
anschauung so durchgreifend und gewaltig, dass jedweder
Thätigkeit ihr eigner vorgesetzter Geist zugetheilt wurde,
und da die Gefahren dieser consequent durchgebildeten Lehre
einem scharfblickenden Manne nicht verborgen bleiben konn-
ten, so musste Bardesanes ihnen wenigstens entgegentreten.
Zwar hat er sich selbst noch lange nicht völlig von der
Grundanschauung losgelöst, er steht immer mit einem Fusse
noch darin, aber schon dies erforderte eine bedeutende geistige Kraft, sich inmitten einer heidnisch fatalistischen Um-
gebung so weit von diesem Aberglauben zu befreien, als
Bardesanes es gethan hat. Sein Kampf gegen die Astrologie
ist aber auch noch nach einer andern Seite hin bemerkenswerth; er führt ihn nicht mit dogmatischen Waffen, sondern
auf dem empirischen, und darum unwiderleglichen Wege
der Induction, und hieraus erklärt sich die für seine Zeit so
schlagende Gewalt seiner Beweisgründe ebenso, wie die
sonderbare Erscheinung, dass die clementinischen Recognitionen, Ephraem, Eusebius und Caesarius ihm, dem Haereti-

ker, die Waffen fast wörtlich in ihren Kämpfen gegen den Fatalismus entlehnen [1]).

Die Seele ist nach ṣabischer Lehre ewig, so dachte auch Bardesanes, der sie aus dem Himmel herab in die Leiber eintreten liess; hiermit wird zugleich seine doketische Christologie deutlich, war Christus himmlisch, so musste er immateriell sein, er konnte keinen Leib haben. Die Seele soll nach ṣabischer Anschauung die thierischen Triebe bändigen, sie soll unsterblich sein und nach diesem Leben Lohn und Strafe empfangen, ebenso meinte Bardesanes, und wenn bei den Ṣabiern nur der Geist leidet, so leugnet auch der Gnostiker die Auferstehung des Fleisches. Beide Lehren behaupten endlich eine Folge von Weltperioden, für Bardesanes dauerte die Periode 3600, für die Ṣabier 36425 Jahre, wobei die grössere Zahl, deren Basis aber gleichfalls 36 ist, ohne Zweifel einer den Ṣabiern genauer scheinenden Rechnung ihren Ursprung verdankt. Auch die Uebereinstimmung der mandäischen Sternbildernamen mit denen der Bardesanisten, ist hier von Gewicht, Mandäer und Ṣabier hängen zusammen. So sind also die Grundlagen des bardesaneischen Lehrbegriffs echt semitisch, wo er vom Christenthum noch nicht ganz durchdrungen ist, da hängt ihm ein Rest von seiner heimischen Astrologie an. Ich nehme bei dieser Gelegenheit meine Vermuthung zurück, vgl. p. 74, dass die Schliṭâne Sonne und Mond, die Medabbrâne die fünf Planeten bezeichnen, sie ist irrig. Nach p. 12 des Dialogs verhält sich die Sache so, dass Schliṭâne der allgemeine Name der sieben Planeten ist, deren Constellationen wirksam sind. Die Planeten werden getheilt in Häupter, Rische und Medabbrâne, Lenker, und hier kann es vielleicht wahrscheinlich sein, dass die Rische die zwei grossen, die Medabbrâne aber die fünf kleinen bezeichnen. Zu den Bemerkungen über die Ṣabier vergleiche Chwolsohn I 517, 764 II 4, 11, 22, 422. Liegt

---

1) Die Polemik des Origenes im Genesiscommentar ist weit weniger schlagend als die des Bardesanes.

so dem ganzen Systeme des Bardesanes die Astrologie zu Grunde, so sind auch die Kunstausdrücke desselben auf diese zu beziehen, nur das griechische στοιχεῖα hat Bardesanes zugleich mit der Lehre von den vier Elementen den Griechen entlehnt. Der Name des Mars (ܐܪܝܣ ܢܠܟܝܐ) findet sich als Ares auch bei den ḥarranischen Ṣabiern, die übrigen Namen die Schliṭûne, Medabbrâne und Rische aber sind echt aramäisch und zugleich griechich nicht wiederzugeben, ohne dass ihr eigentlicher Sinn verloren geht. Die ܫܠܝܛܢܐ, Schliṭûne entsprechen in der Peschiṭtha den ἐξουσίαι [1]), die ܪܫܐ, Rische, den ἀρχαί, aber nur da, wo diese irdische Machthaber bezeichnen, so auch 1 Cor. 15, 24 [2]), die ܡܕܒܪܢܐ, Medabbrâne müssten οἰκονόμοι sein, setzen wir aber diese drei Wörter ἐξουσίαι, ἀρχαί und οἰκονόμοι ein, so würde der ursprüngliche Sinn völlig verdunkelt, da man hierbei gar nicht mehr an die planetarische Bedeutung denken würde. Hierzu kommt aber weiter, dass ἀρχαί nur im Sinne irdischer Gewalten sich mit ܪܫܐ, Rische, deckt, während das Wort da, wo es überirdische Dinge bezeichnet in der Peschittha beibehalten ist ܐܪܟܘܣ [3]). Wäre demnach für den Dialog ein griechisches Original anzunehmen, so wäre es auch bei dem allgemeinen Charakter alter syrischer Uebersetzungen sehr wahrscheinlich, dass der syrische Uebersetzer, der ja als Bardesanist die Bibel gebrauchte und kannte, sich dem biblischen Sprachgebrauch angeschlossen hätte, wie dies die eine der beiden erhaltenen Uebersetzungen der sieben ignatianischen Briefe so penibel thut. Nun zeigt sich aber vom biblischen Sprachgebrauche in diesen Kunstausdrücken nichts, und so ist es nicht anzunehmen, dass dieselben aus dem Griechischen zurück übersetzt sind, nachdem sie zuerst aus dem Syrischen

---

1) Luc. 12, 11. Eph. 6, 12. Col. 2, 15. 1 Petr. 3, 22.
2) Luc. 12, 11. Tit. 3, 1. 1 Cor. 15, 24.
3) Eph. 1, 21; 3, 10; 6, 12. Col. 1, 16; 2, 10, 15.

in das Griechische umgewandelt sind. Was die οἰκονόμοι in's Besondere betrifft, so macht die Peschittha auch hier einen feinen Unterschied wie zwischen den ἀρχαί, jenachdem Sie sich auf himmlische oder irdische Wesen beziehen. Sind es irdische, so heissen sie ܪ̈ܒܝ ܒܝ̈ܬܐ und οἰκονομία ܒܝ̈ܬ ܡܕܒܪܘܬܐ, ist dagegen von der himmlischen οἰκονομία die Rede, so steht ܡܕܒܪܢܘܬܐ, Medabbranûta [1]), was hier natürlich einen ganz andern Sinn als im bardesaneischen Systeme hat. Daraus aber, dass sich durchaus keine Verdunkelung des Sinnes bei diesen Kunstausdrücken wahrnehmen lässt, scheint hervorzugehen, dass sie nicht einer doppelten Wandlung unterworfen worden sind. Hiermit glauben wir unser p. 11 gefälltes Urtheil über die Termini des Systems gerechtfertigt zu haben, gegen eine Uebersetzung aus dem Griechischen zeugt ausserdem nach der p. 19 erwähnte Ausdruck für Bild Gottes ܕܐܠܗܐ ܨܠܡܐ = צלם אלהים, der sich durch ein griechisches Original hindurch nicht erhalten haben würde. Eine Uebersetzung aus dem Griechischen ist also sehr unwahrscheinlich.

Wenn Ewald weiter sagt: „Natur, Geschick und der christliche Gott sind dem Bardesanes die drei Grunddinge, worauf er alle Erkenntniss und alles Handeln im Einzelnen aufbaut ", so muss man wohl zunächst fragen, was man sich bei dem Satze denken soll: Bardesanes baut alle Erkenntniss und alles Handeln auf Natur, Geschick und dem christlichen Gotte auf? Ich gestehe, ich kann mir nichts dabei denken. Weiter heisst es, der Gnostiker sei im Unklaren, über das wechselseitige Verhältniss dieser drei Grunddinge geblieben, allein diese Auffassung Ewald's ist durchaus irrig. Gott gehört gar nicht zu den „Grunddingen ", die vielmehr in Natur, Geschick und Freiheit liegen; Gott steht über dem Allen, und über das wechselseitige Verhältniss von Natur, Geschick und Freiheit ist Bardesanes, frei-

---

1) Eph. 1, 10; 3, 9, 2. Col. 1, 25.

lich nach seiner Weise und für seine Zeit, sehr wohl in's
Klare gekommen. Endlich meint Ewald, dass „sowohl das
Nacheinander der gesetzmässigen Kräfte und Wechsel der
Natur, als das blinde finstere Walten des Schicksals dem
Bardesanes noch zu dunkle Schatten in die Sonne des
Christenthums werfen, wie zwei durchaus finstre,
schwere Riesenleiber, welche ihm noch von dem ge-
meinen und von dem zarathustrischen Heidenthume her zu
nahe vor den Augen stehen." Wir fragen, wem hat wohl
je das gesetzmässige Walten der Natur die Sonne des Christenthums verdunkelt, und wie hätte dies bei Bardesanes
geschehen können, der keine ewige Materie annahm und
auch die Naturgesetze von Gott angeordnet dachte? —
Quandoque bonus dormitat Homerus.

Die kurze Notiz des Ahron ben Elia im עץ חיים (her-
ausgegeben von Delitzsch, Leipz. 1841) über die Secte des
Bardesanes, die Daizânija, geht, wie das was Schahrastâni
und der Fihrist geben, nur auf die entartete manistische
Periode derselben. Nach p. 118 lehrte die Secte: השם יעשה
הטוב והשטן יעשה הרע, Gott verursacht das Gute, der Satan
das Böse; mehr als diese allgemeine Notiz über den Dualismus der Secte hat Ahron schwerlich gehabt, da dieselbe
zu seiner Zeit 1346 kaum noch vorhanden war. Seine
Kenntniss beruht daher nur auf spätern arabischen oder rab-
binischen Quellen, und seine Widerlegung lässt vermuthen,
dass die Angaben dieser Quellen oberflächlich waren.

Schliesslich noch eine Bemerkung zu p. 18, wo mir die
Bezugnahme auf einem arabischen Krieg um 170 darum un-
angemessen scheint, weil اذمول, gestern, für eine Frist
von mindestens zwanzig Jahren, kein passender Ausdruck
wäre. Ich gehe daher jetzt lieber mit Priaulx weiter hinunter auf den Krieg des Septimius Severus 195, durch den
die schon 105 von Trajan in Besitz grnommene Provinz Arabien erweitert ist. Spartian Sever. 9 Parthos vicit et Arabas
interiores et Adiabenos. Arabas eo usque superavit, ut

etiam provinciam ibi faceret. Eutr. 8, 18. Dio Cass. 75, 1, 2.
Freilich ist dabei nicht zu vergessen, dass dies nur die fin-
girte Zeit des Gesprächs betrifft, nicht die wirkliche Aufzeichnung des Dialogs, für die sich leider kein sicherer terminus
ad quem, selbst nicht in der Interpolation der Recognitionen
finden lässt.